やりたくなる
5S 新書

中崎 勝 ── 著
Masaru Nakazaki

日刊工業新聞社

はじめに

　いや〜、やっぱり5Sはすごい。改めてそう思う今日この頃です。

　5Sの人気は定着しており、いまだに「現場の基本は5Sにあり」と言われています。

　しかし、その実態は散々なものです。効果が出ない、定着しない、活動が進まない、終わりがないなどの様々な問題点を抱えています。

　時代の流れとともに、生産現場と働く人たちの考え方が変わってきています。その流れに沿った5Sでなければ、効果も出ず、定着もせず、そんな活動はやりたくないと言われてしまいます。

　本書を出すきっかけとなったのは、5Sが日本で主流の改善・管理ツールであるにもかかわらず、様々な問題点を抱えたままだったからです。その問題点を解決するために、5Sを刷新します。

　「やりたくなる5S」のキーワードは、**効果と効率（スピード）、定着、そして普遍性**です。

　効果と効率に関しては、スピーディーに大きな効果が出るように、コンサルティングツールを組み込みました。具体的には、2Sでは更地化（本編で詳しく説明します）、3Sでは原則整備へのアプローチ、4Sでは異物ゼロへのアプローチ、5Sでは標準整備、ポカミス対策、ビデオ標準へのアプローチを組み込みました。大きな効果が早く出れば、活動をやっている方のやる気も出てきます。それによって、会社の方も助かります。そんな双方のニーズを満たす5Sにしました。

　定着に関しては、モラルマネジメントとITの活用という、2つのアプローチで解決しようと試みています。モラルマネジメントは、5S活動と普段の仕事を通してルールを守り、やる気とチャレンジ精神を持った人材を育てる手法です。しかし、定着を人のモラルだけに頼るのではなく、ITを活用し、さらに確実に定着させる試みを入れています。2SではICタグ、5Sではビデオ標

1

準がそのツールです。

　普遍性に関しては、論理性と体系的効果指標の2つで確立します。5Sを、日本が誇る世界に通用するツールにすべく、徹底的に論理性を追求しました。なぜ、その活動をするのか。何をやるのか。どうやるのか。やると、どういう効果が出るのか。これらを明確にし、一つひとつの活動を順序通りに実施すると、求める効果が得られるように設計しました。体系的な効果指標としては、ロスコストマネジメント（これも後述します）の考え方を取り入れています。

　本書は、大きく6つの章に分かれています。

　第1章は、なぜ、やりたくなる5Sが必要か、について解説します。5S活動の実態を明らかにし、これからの時代にマッチした新たな5Sのコンセプトを提唱します。

　第2章は、2S（整理・整頓）です。テーマを、安全で働きやすい職場を創ることに設定しました。従来の2Sに、更地化とICタグにより位置管理を組み込み、効率と効果、定着性を追求しました。

　第3章は、3S（清掃）です。3Sでは、設備を改善・管理対象とします。テーマは、止まらない設備に育てることです。従来のTPMを改良し、20の原則というシンプルな考え方で設備トラブルをゼロにします。この活動をマスターすると、設備トラブルってこんなに簡単にゼロにできるんだ、という実感を持つことができます。

　第4章は、4S（従来の清潔）です。4Sでは、多くの製造現場を悩ませている異物と対決します。テーマは、クリーンファクトリーの実現です。この活動は、最も難しい活動です。しかし、そのコンセプトを理解し、実践できたら必ず異物不良は極小化します。

　第5章は5S（従来の躾）です。テーマは、人生産性の向上とポカミスゼロです。具体的には、標準整備、ポカミス対策、教育・訓練のしくみづくりをします。ポカミス対策では、7,000件以上の事例を分析し、導き出した26の要因に対して対策を打っていきます。特に手ごわい、ベテランが犯しがちなうっかり・手抜きのメカニズムも解明しました。教育・訓練に関しては、現状の

2

OJT 中心の教育・訓練から、ビデオ標準による教育・訓練へと移行します。

　第 6 章では、活動のマネジメントについて解説します。テーマは、これからの時代の人財マネジメントです。5S の活動を人材育成ととらえ、活動全般を通して作業者のモラルを高めていきます。本章の担い手は、管理・監督者と活動推進者です。

　以上、各章の概略を解説しましたが、本書で紹介する 5S の特長は、一つひとつの活動が単独でも実施できるということです。ですから、興味のある章や実施したい章だけを読んでも、十分お役に立てると思います。

　また、第 2 ～ 4 章の最後に、「実話」と称した実践例を入れました。活動のすごさや効果の大きさ、楽しさ、その場の感動を伝えたかったからです。すべて事実です。

　お客さまと一緒に改善活動をしていると、改善ってすごいなぁ～とたびたび驚かされます。初めは、一人ひとりに自分なりの思いや考え方があり、それが活動を進めることで徐々に変わり始め、最後に一つの意志や考え方に統一され、奇跡としか思えないことが起きる。そのような風景を目の当たりにすると、改善ってすごいなぁ～と感じずにはいられないのです。

　改善とはそういうものです。そのすごさを、みなさんにも味わっていただきたい。そういう思いで、この本を書きました。

2016 年 2 月

著　者

やりたくなる5S新書
Smile 5S
目　次

はじめに　………………………………………………………………………1

第1章　なぜ、やりたくなる5Sか

1. 新しい5Sを創ってみました　………………………………………10
2. 5Sをやりたくなる本当の理由　……………………………………12
3. もっとやりたくなる5Sへ　…………………………………………14
4. モラルとコストをマネージする　…………………………………16
5. 一からやるか、ピンポイントで取り入れるか　…………………18

　　　　　Column　やりたくなる5Sは、不良改善もできるAll in Oneツール　……20

第2章　2S：安全で働きやすい職場を創る

1. こんな問題ありませんか?　…………………………………………22
2. 2S実施手順　…………………………………………………………24

目 次

3.	現状分析、自分たちのことは自分たちで決める	26
4.	更地化でスピード整理	28
5.	置き場所、置き方の決定	30
6.	2Sを仕上げる	32
7.	変化に対応できるしくみづくり	34

実話「やろうぜ、更地化!」 ……………………………… 36

第3章　3S：止まらない設備に育てる

1.	基本中の基本、原理・原則という考え方	40
2.	原則の崩れは20もある	42
3.	原則の崩れは清掃で復元する	44
4.	突発は人、慢性は原則の崩れ	46
5.	設備トラブルをゼロにする	48
6.	まずはデータ分析、次に対象の明確化	50
7.	清掃は6つの目的でやる	52
8.	バラしたくなる気持ちになる	54
9.	不具合現象は必ずなくなる	56
10.	メカニズムを解明し、全容を知る	58
11.	人も設備も同じ、定期点検が重要	60

実話「チョコ停なんて、簡単になくせますよ」 …………… 62

第4章　4S：クリーンファクトリーの実現

| 1. | なぜ、異物不良はなくならないのか? | 68 |

5

2. 異物は感性 ································· 70

3. 異物は変幻自在 ··························· 72

4. 清掃は最強の武器 ························· 74

5. 清掃はもろ刃の剣 ························· 76

6. 様々な異物の発生源 ····················· 78

7. 異物不良の発生メカニズム ··············· 80

8. 発生源と伝達経路 ························· 82

9. 異物のポテンシャル ····················· 84

10. 徹底清掃でポテンシャルをゼロにする ····· 86

11. 異物不良をゼロにする ··················· 88

12. まずは正体を知る ······················· 90

13. 次に出没場所を突き止める ··············· 92

14. ワンチャンスをものにする徹底準備 ······· 94

15. 一大イベント、徹底清掃 ················· 96

16. 清掃の4つのアウトプット ··············· 98

17. 発生源マップで全容解明 ················· 100

18. 元から断つ ····························· 102

19. 5つの改善で楽々清掃 ··················· 104

20. 異物を監視する、制御する ··············· 106

実話「壮大なプロジェクト」 ··············· 108

第5章 5S：人生産性の向上とポカミスゼロ

1. 今、標準が守られていないという実態 ······· 118

2. 標準を改善し、人を育てる ················· 120

3. 短時間で大きな効果を生む作業の統一 ······· 122

4. ばらつく作業を改善する ……………………………………………… 124

5. ポカミス対策は究極の改善 ……………………………………………… 126

6. ポカミスの要因、初級者向け10項目 (26のポカミス要因①) ……………… 128

7. 中上級者向け16項目 (26のポカミス要因②) ……………………………… 130

8. 思っている以上に大きいポカミスの損害 ……………………………… 132

9. まずはSimple/Speed対策 …………………………………………… 134

10. うっかり対策、手抜き対策 …………………………………………… 136

11. おざなりな教育・訓練 ………………………………………………… 138

12. メリットいっぱいのビデオ標準 ……………………………………… 140

13. 自分のビデオは自分でつくる ………………………………………… 142

14. 絵コンテがキモ ………………………………………………………… 144

15. 意外と難しいビデオ撮影 ……………………………………………… 146

16. 見やすくわかりやすい標準に編集 …………………………………… 148

17. 出来上がりを10のポイントでチェック …………………………… 150

18. これからの時代の教育・訓練 ………………………………………… 152

> **Column** 限界を超える作業への対策 ……………………………… 154

第6章 これからの時代の人財マネジメント

1. 現場のモラルが変わった ……………………………………………… 156

2. モラルレベルと動機付け ……………………………………………… 158

3. 5段階でモラルを上げていく ………………………………………… 160

4. キックオフでやる気にさせる ………………………………………… 162

5. 率先垂範でロケットスタート ………………………………………… 164

6. 成功体験を味わってもらう …………………………………………… 166

7. ほめるが最高のマネジメント ………………………………………… 168

8. 責めないで一緒に考える ………………………………………… 170

9. ワークショップでマンネリ化を打破 ……………………………… 172

10. 上司の目線は上目線、上司の意見は命令 ……………………… 174

11. 信頼し任せる ……………………………………………………… 176

12. 尊敬される上司になる …………………………………………… 178

   Column すべてが管理・監督者の責任 ……………………… 180

索　引 ……………………………………………………………………… 181

第 **1** 章

なぜ、やりたくなる
5Sか

新しい5Sを創ってみました

従来の5Sの実態

　日本のモノづくりを改善・管理する手法で最もポピュラーなのは、何と言っても5Sでしょう。私は34年間、製造現場で仕事をしていますが、「5Sは職場の基本」「5Sは永遠」という言葉を何度聞いたかわかりません。しかし、5Sに関してきちんと教育・訓練を受けたかというと、全くその記憶がありません。私のお客さまに聞いても、「5Sという言葉は知っていても、具体的な教育は受けたことがない」というのが答えでした。

　それらの方々に自社・自職場での5Sの実態を話し合ってもらうと、「目的が不明確」「効果が出ない」「指示があいまい」「お客さまが来る時のイベントになっている」など問題だらけでした。5Sという言葉があまりにも有名になりすぎて、今さら何をどうやるのかは聞けずに、結局、床を掃除し、ペンキを塗るというのが実態のようです。もちろん、5Sでうまくやっているという会社も、中にはあるとは思います。しかし、そのネームバリューに比べて5Sは問題点だらけ、という認識を私は持っています。

従来の5Sの6つの問題点

　従来の5Sの問題点は、6つあります。
　①効果が出ない。どの活動で、どういう効果が出るのかがあいまい
　②効率が悪い。同じ活動をず～っとやっている
　③定着しない。いつの間にか戻ってしまう
　④上記①～③の結果から、活動に終わりがない
　その背景として、下記の2つが挙げられます。
　⑤2Sのすばらしさに比べ、3S、4S、5Sの内容が乏しい
　⑥組立産業に特化しすぎ、そのままでは他の産業で使いにくい
　そこで、これら6つの問題点を解決し、これからの時代にふさわしい新しい5Sを創りました。

第1章　なぜ、やりたくなる5Sか

従来の5Sの実態

目的が不明確

手段（5S）が目的

イベント的

効果が出ない

やり方がわからない

指示があいまい

↓

やらされている

↓

真剣にやらない

5Sやれ～!

機械回りの掃除

社長が来る時のみやる

言われたからやる

意味もわからずやる

↓

定着しない　←　5Sのための5S

お客さまの来社時にあわててやる

床のみの掃除

見えないところに隠す

人が代わると散らかる

いつまで経っても定着しない

教育・訓練がされていない

ただの掃除やペンキ塗り

その場しのぎ

何でも5Sで片づける

5Sより目の前の生産

6つの問題点

2Sすばらしい

| 1. 効果が出ない |
| + |
| 2. 効率が悪い |
| + |
| 3. 定着しない |
| ＝ |
| 4. 終わりがない |

5. 3S、4S、5Sの内容
　が乏しい

組立産業に特化しているため

6. そのままでは、他の産業
　で使いにくい

解決
⇩

これからの時代にふさわしい新しい5Sの創造

11

② 5Sをやりたくなる本当の理由

なぜ、やりたくなるのか

　いつの時代でも私たち製造業は、PQCDSM を向上させ続けなくてはなりません。そのツールが 5S です。そういった意味で、5S を刷新する必要がありました。

　本書で紹介する 5S は、従来の 5S が持つ 6 つの問題点を解決したものです。今まで 5S をやらせていた管理・監督者、やらされていた作業者双方のストレスを一気に解消するものになっています。その思いを込めて、**やりたくなる5S** と名付けました。

2S：整理・整頓　☞　安全で働きやすい職場を創る

　テーマは、安全で働きやすい職場を創る、としました。整理・整頓をワンセットにし、従来の考え方と進め方を踏襲しながら、**更地化**という進め方で効率を追求しました。更地化により、モデルエリアの整理は 1 日で終わり、工場全体の 2S も 1 カ月で完了します。

　効果は、安全の確保と歩くロス、探すロス、および購入ロスの 3 つのロスの削減です。

3S：清掃　☞　止まらない設備に育てる

　テーマは、止まらない設備に育てる、です。従来の TPM を改良し、短時間で設備のトラブルをゼロにする手法を開発しました。基本的な考え方は、**20の原則を復元すれば設備トラブルはなくなる**、というシンプルなものです。

　効果は、故障ロス、チョコ停ロス、不良ロスの 3 つのロス削減です。

　モデル設備のチョコ停、不良は、設備を 1 日止めるだけでゼロになります。横展開は、最終的には 3 時間で行えます。それを工場全体に拡大し、予防保全体制を 1 年で築いていきます。この 1 年は、まさに設備と人との共同作業であり、設備を止まらないように育て上げる 1 年になります。

第1章 なぜ、やりたくなる5Sか

6つの問題点を解決した5Sが、やりたくなる5S

〈2S〉

テーマ： 安全で働きやすい職場を創る

従来の２Ｓの考え方・進め方を踏襲

整理の効率的方法として更地化を導入

効果	歩く、探す、購入ロスの削減
期間	エリア：１日 全体：１カ月
難易度	１：誰でも短期間でできる

ポイント 更地化で２Ｓが１日でできる

【進め方】

現状分析

不要品の排除

置き場所の決定

置き方の決定

取り出しやすさの追求

目で見る管理

しくみづくり

〈3S〉

テーマ： 止まらない設備に育てる

従来のTPMを短期間で効果が出るように改良

20の原則整備で、設備トラブルをゼロにする

効果	故障、チョコ停、不良ロスの削減
期間	モデル：１日 横展開：３時間 全体 ：１年
難易度	５：保全技能が必要

ポイント 20の原則を整備すれば、設備トラブルは必ずゼロになる

【進め方】

データ分析

改善対象の明確化

全体清掃

3現・2原シート

分解清掃

メカニズムの解明

定期点検

13

③ もっとやりたくなる5Sへ

　3Sに加え、モノづくり現場の永遠のテーマ、異物と人に4S、5Sでチャレンジします。この4S、5Sで、さらにやりたくなるはずです。

4S：清潔 ☞ クリーンファクトリーの実現

　4Sでは、クリーンファクトリーの実現をテーマとし、異物不良と戦います。異物ゼロへのアプローチは、完全なオリジナルです。半導体工場、電子部品工場、自動車工場で**異物不良を実際に削減した経験則を体系化**し、つくり上げました。もし、異物不良に困っていたら、この4Sから始めてもよいでしょう。

　効果は、異物不良の削減です。異物の除去により、設備トラブルも減ります。異物との戦いには最も時間がかかり、モデル設備（エリア）で6カ月かかります。ただ一度、異物不良の発生メカニズムを解明すると、その後は意外と楽で、12カ月もあれば異物不良ゼロ（極小）のクリーンファクトリーを実現することができます。

5S：躾 ☞ 人生産性の向上とポカミスの撲滅

　人は、工場にとって永遠の課題です。5Sではテーマを、人生産性の向上とポカミスの撲滅、としました。具体的には、標準整備、ポカミス対策、新たな教育・訓練のしくみづくりを進めます。

　効果は、AT／ST差ロス、ポカミスロス、不良ロス、教育・訓練ロスの4つのロスの削減です。

　5Sは2Sと親和性が良く、人が多い職場は2Sの実施後5Sを移行するのもよいと思います。

　1つの標準を整備するのに1日、それをビデオ標準にするのに1日。全標準を整備するのに6カ月から1年かかります。ポカミス対策は標準整備と並行して進め、1カ月から6カ月かけます。そして、全体を1年で仕上げます。

第1章　なぜ、やりたくなる5Sか

異物と人をテーマとして、もっとやりたくなる5Sへ

〈4S〉

テーマ：クリーンファクトリーの実現

異物不良を削減した経験則を体系化したオリジナルツール

効果	異物不良の削減
期間	モデル：6カ月 横展開：12カ月 クリーンファクトリー：18カ月
難易度	10：異物の知識を学び、実践する

ポイント　異物の感性
　　　　　　　知識を学び、実践し、
　　　　　　　自分の経験則を積み上げる

【進め方】

- 異物分析
- 工程限定
- 徹底清掃
- メカニズムの解明
- 異物対策
- 清掃改善
- 現場管理

〈5S〉

テーマ：人生産性の向上とポカミスの撲滅

標準整備、ポカミス対策、新たな教育・訓練のしくみづくり

効果	AT／ST差、ポカミス、不良、 教育・訓練ロスの削減
期間	標準整備　　　　：1日／作業 ビデオ標準作成：1日／作業 ポカミス対策　　：1～6カ月 全体：1年
難易度	3：ビデオ標準作成技術の習得

ポイント　標準：作業統一は効果が大きい

ポイント　ポカミス：要因は26ある

ポイント　ビデオ標準：使える！

【進め方】

- 作業の統一化
- 作業改善
- ポカミス対策
- ビデオ標準作成
- 教育・訓練

15

④ モラルとコストをマネージする

モラルをマネージする

　モラルマネジメントとは、動機付けをすることによりルールを守る習慣を付け、自信を持たせることにより人本来の力を発揮させ、チャレンジ精神を育み、新たなことに挑戦させるためのマネジメントです。活動全体、通常の業務を通じて進めていきます。

　このツールを開発した狙いは、精神論からの脱却です。心理学、経営学を学び、論理的なアプローチをつくりました。それを実践の繰り返しで磨き、モノづくり現場で適応するツールに仕上げました。

　現場の管理・監督者は、今まで漠然と行っていた作業者のモラル管理を、このツールにより論理的に進めることができるようになります。

コストをマネージする

　活動を経営効果に直結させるために、ロスコストマネジメントの考え方を導入しました。ロスとは、生産要素（人、設備、材料）のインプットとアウトプットの差です。ロスはムダを生み、そのムダが製造原価を押し上げます。やりたくなる5Sでは、9つのロスを刈り取ることにより、製造原価を低減します。

　①歩くロス：モノを取りに行くために歩くロス
　②探すロス：モノを探すロス
　③購入ロス：不要なモノを購入したために発生した費用
　④故障ロス：故障のために発生するロス
　⑤チョコ停ロス：チョコ停のために発生するロス
　⑥不良ロス：不良のために発生するロス。修復不可能な不良
　⑦ AT ／ ST 差ロス：標準作業者とその他の作業者の作業時間の差
　⑧ポカミスロス：ポカミスによるロス。修復作業も含む
　⑨教育・訓練ロス：教育・訓練のために発生するロス

　これらのロスは、活動の効果指標、完了判断基準になります。

第1章　なぜ、やりたくなる5Sか

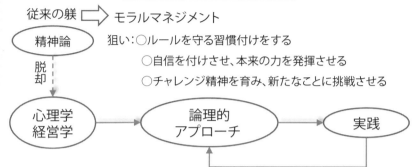

今まで漠然とやっていた作業者のモラル管理を論理的に進める

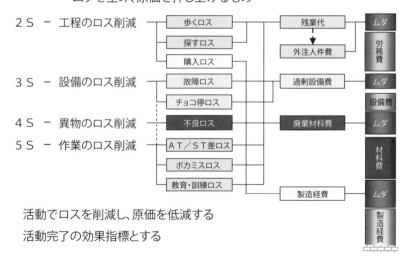

活動でロスを削減し、原価を低減する
活動完了の効果指標とする

17

⑤ 一からやるか、ピンポイントで取り入れるか

一からやる

　5S の最終的な狙いは、職場のあるべき姿を実現することです。2S から順序良く 3S、4S、5S と進めていくことにより、職場のあるべき姿が実現でき、それを維持する習慣を持った人材を育成できます。

　職場のあるべき姿とは、安全で効率的な職場、止まらない設備、クリーンな工程、生産性が高くポカミスがない作業、が揃っている職場です。

　もし、今の職場を全く別次元の姿に変身させたかったら、2S から順次実施することをお勧めします。

ピンポイントで取り入れる

　大部分の会社では、すでに 5S を導入済、実施中だと思います。その場合には、今進めている活動に、2S の更地化、3S、4S、5S、モラルアップを取り入れることで、今より数段上の 5S にステップアップすることが可能です。

　たとえば手作業中心の職場は、2S の更地化から始めて 5S に移行します。このような職場では、特に 5S のポカミス対策が大切で、モラルアップと抱き合わせて実施すると、長年の悩み（ポカミス）が解消できます。

　設備中心の職場であれば、3S から始めます。このような職場では、設備のトラブルと不良が密接に関連していますので、3S を実施することにより不良もなくせます。

　クリーンルームや清浄室でモノをつくっている職場では、異物に悩んでいるところが多いと思います。このような職場では、4S から始めます。

　同じ製造業と言っても、つくっているモノと置かれた環境によって、5S に求めるニーズは違ってきます。活動は、そのニーズに合ったものを選ぶべきです。5S は目的ではなく、手段です。効果を効率的に出すことは重要です。5S と言えどもムダな活動はしない、という心構えが大切です。

第1章　なぜ、やりたくなる5Sか

2Sから順次取り組み、職場のあるべき姿を実現

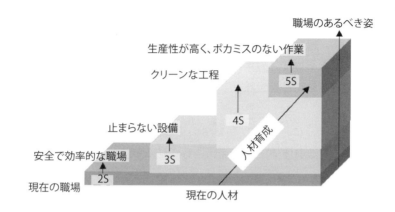

職場のニーズに合った活動から始める

手作業職場：２Ｓ→５Ｓ／設備中心の職場３Ｓ／異物が問題の職場：４Ｓ

業界	職場／工程	2S	3S	4S	5S
自動車	溶接		◎	○	
	塗装			◎	
	組立	○			◎
電機	加工		◎	○	
	自動組立		◎		
	手作業	○			◎
電子部品	工程全体			◎	
	自動組立		◎		
	手作業				◎
半導体	前工程		◎	○	○
	後工程		◎	○	○
プロセス	全工程共通	○	◎	◎	◎

ポイント　５Ｓと言えどもムダな活動はしないという心構えが大切

Column

やりたくなる5Sは、不良改善もできるAll in Oneツール

　従来の 5S は、極言すると 2S ＋ TPM 自主保全活動です。異物への対応や標準化、具体的なポカミス対策は含まれていません。これは、従来の 5S では不良改善ができないことを意味しています。

　やりたくなる 5S は、前述した 2 つの活用法のほかに、原因がわからない慢性化した不良を改善するという活用法もあります。

　不良は、結果です。材料が仕様通り入荷されたとしたら、設備の不具合や異物の付着、作業のミスによって不良が発生します。つまり、設備の不具合をなくし、異物の付着を防ぎ、作業のミスをなくせば不良は出ないことになります。

　やりたくなる 5S とは、まず 2S で物流と作業環境を改善し、3S で設備の原則を整え、4S で異物の付着を防止し、5S で作業の標準化とポカミス対策をするツールです。これは、やりたくなる 5S は不良改善もできるツールであることを意味しています。たとえば典型的な慢性不良であり、発生工程・原因の特定が難しいキズ対策の場合でも、

　　2S で、作業中にモノに当たらない置き方・置き場所を設定する

　　3S で、原則を整備し振動をなくし、衝突を防止する

　　4S で、異物によるキズを防ぐ

　　5S で、手扱い作業標準の作成、落下防止策を実施する

ことにより、キズ不良をなくしていきます。

　以上のように職場のあるべき姿を実現し、個別の課題を解決して、不良改善もできる All in One ツールなのです。

第 2 章

2S：安全で働きやすい職場を創る

① こんな問題ありませんか?

まず、みなさんに質問です。みなさんの職場には、このような問題はありませんか?

①何がどこにあるかわからない

②モノを探すのに時間がかかる

③1日の歩行距離が長い

④欠品が発生する

⑤職場にモノがあふれている

⑥職場が狭い

⑦職場全体が雑然としている

⑧モノの流れがわからない

⑨仮置きがある

⑩在庫が多い

これらの質問の答えは、「全部ある」か「全部ない」です。

ここにある10の現象は、職場のあるべき姿が整っていないことから発生しています。

職場のあるべき姿

職場のあるべき姿とは、

○不要なモノがない

○必要なモノは置き場所、置き方が決まっている

○それが何か一目でわかる

です。

職場のあるべき姿が整っていると、職場がすっきりして見え、危険なところがなくなり、モノが流れ、停滞や在庫が見えるようになり、10の現象がなくなります。10の質問のうち1つでも「ある」と答えたのでしたら、2Sの実施をお勧めします。

第2章　2S:安全で働きやすい職場を創る

自職場にこんな問題はないか？

- 何がどこにあるかわからない
- モノを探すのに時間がかかる
- 一日の歩行距離が長い
- 職場全体が雑然としている
- モノがあふれている
- モノの流れがわからない
- 職場が狭い
- 欠品が発生する
- 仮置きがある
- 在庫が多い

答えは、「全部ある」か「全部ない」
10の現象は、職場のあるべき姿が整っていないために発生する

職場のあるべき姿とは

1. 不要なモノはない
2. 必要なモノは、置き場所、置き方が決まっている
3. それが何か一目でわかる

☆職場がすっきり見える
☆危険な箇所は見当たらない
☆モノの流れ、停滞・在庫が見える

⇒ 10の現象がなくなる

② 2Sの実施手順

まずは現状分析

　2Sはいきなり整理するのではなく、現状分析から入ります。現状分析により、後戻りしない効率的な整理・整頓が可能になります。

　現状分析では、動線分析や歩くロス、探すロスの測定により理想レイアウトを設計し、作業標準から使用頻度に合わせてモノを区分する必要品リストを作成します。整理の基本的な考え方は、必要であってもある一定期間内使わないものは不要品とする、ということです。そのような考え方から、現場にあるものは8つに分類されます。その8つの分類に沿って、整理する前に現場にあるモノにラベルを貼っておきます。

更地化で整理する

　対象エリアにあるすべてのモノをエリア外に搬出します。これを更地化と言います。搬出する際には、8つのラベルに沿って、8つのエリアに搬出していきます。

　更地化された作業エリアには何もなくなります。そのエリアを清掃し、カラーテープで理想レイアウトを描きます。

　そしてエリア外に出したものを、8つの分類に対応した置き場所に戻します。現場に戻したモノはルールに従い、置き方の決定や取り出しやすさの追求をします。

定着化に向けての2つの工夫

　置いたモノに対し、チェックシートがなくても現場現物で2Sの維持状態がわかる表示をします。

　最後に仕上げとして、必要品にICタグを貼り、位置と履歴を管理します。これにより、2Sの状態を維持する習慣が身に付きます。ICタグは、棚や倉庫管理にも有効です。

24

2Sの進め方

現状分析
○動線分析 → 理想レイアウト
○歩くロス、探すロスの測定

ランク	使用頻度
A	毎時間、毎作業使うもの
B	毎ロット使うもの
C	毎日使うもの
D	週に1度は使うもの
E	A〜Dで必要以上にあるもの
F	月に1度、年に1度使うもの
G	使えないもの
H	使っていないもの

更地化
○対象エリアから
　すべてのものを外に出す

置き場所の決定
○使用頻度により
　置き場所を決める

ランク	使用頻度
A	身に付ける／作業台上
B	台車上
C	作業エリア内の保管場所(棚等)
D	作業エリア外の保管場所
E	倉庫
F	倉庫
G	廃棄
H	廃棄

置き方の決定
○置き方のルール
1. 使う順序に並べる
2. 使う頻度の順に並べる
3. 混同しやすいものは離す

取り出しやすさの追求
○取り出しやすさ
1. 体に無理がない
2. 作業に無理がない
3. 使用後、確認なしで元に戻る

目で見る管理
○２Ｓの維持状態が一目でわかる現場をつくる

チェックシートなし

ICタグ・位置管理
○ICタグ活用による位置・履歴管理　　→　２Ｓ状態を維持する習慣
○棚、倉庫における探すロスを削減

③ 現状分析、自分たちのことは自分たちで決める

2Sの対象エリアの決定

　2Sを実施する対象エリアを決めます。対象エリアとは、棚、作業台、設備、モノを含むエリア全体です。設備は、上下と周辺が対象となります。対象エリアを決めるポイントは、次に行う更地化が1日で終わる広さ、モノの数量（重さ）となります。

動線分析

　対象エリアが決まったら、動線分析をします。歩くロスと探すロスも測定し、年間の距離と時間をコスト換算します。

理想レイアウトの設計

　動線分析の結果から、歩くロスを最小にする理想レイアウトをつくります。レイアウトの基本は、下記の6項目になります。

　①通路が基準
　②通路は直線・直角・垂直・平行
　③通路の幅は、人の片側通行では75cm、両側通行では150cm、リフトなどが通る場合には300cmを最低とする
　④モノの流れは一方向。可能な限り逆行やクロスはしない
　⑤通路と作業域、モノの置き場は明確に区分する
　⑥部品・製品のIN／OUTを明確に定める

　理想レイアウトは、職場のみんなで話し合って複数案をつくります。そして、その中から1つ選びます。

　2Sは最初の活動です。作業者のやる気を起こさせるには、自分たちの職場のことは自分たちで決める、という環境を提供する必要があります。そのような意味で、みんなで話し合う、みんなで決めることに大きな意味があります。

第2章　2S:安全で働きやすい職場を創る

現状分析 3つのステップ

2S対象エリアの決定　2Sを実施する対象エリアを決める

ポイント　更地化が1日で終わる広さとモノの数量（重さ）

動線分析　動線分析、歩くロス、探すロスの収集をする

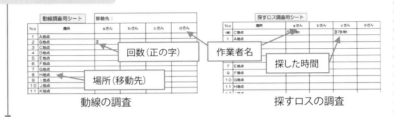

動線の調査　　　　　　　　　探すロスの調査

理想レイアウトの決定　動線分析の結果、歩くロスから理想レイアウトを設計する

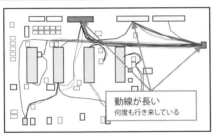

ポイント　職場のみんなで話し合い、複数案出す

1つを選ぶ

自分たちのことを
自分たちで決められる環境
がやる気を起こす

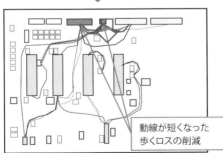

27

④ 更地化でスピード整理

必要品と不要品を区分する

　必要品とは、生産に使う必要最小限のモノです。使う頻度により、毎時間、毎作業使うモノをA、毎ロット使うモノをB、毎日使うモノをC、毎週使うモノをD、必要ではあるが1カ月分以上分あるモノをE、毎月、毎年使うモノをFとランク分けします。

　不要品は、破損品、保留品、工事残材など使えないモノ、旧製品に関連するモノ、使途不明のモノなど使っていないモノがあります。

不要品の排除とは

　不要品の排除とは、AからDランクのモノを現場の決められた場所に置き、EとFは倉庫へ移し、GとHを廃棄することです。現場のスペースは限られています。そのスペースを有効に使うために、「今、必要なモノだけを現場に置く」という考え方で整理を進めます。

　その具体的な方法として、"更地化"という進め方を用います。

更地化の進め方

①作業標準から、使用頻度と必要数により現場で必要なモノをAからEでランク分けし、必要品リストを作成する

②2S対象エリアにあるモノをすべてエリア外に搬出。搬出先は、必要品エリアA、B、C、D、E、F、不要品エリアG、Hに分け、区分けしながら搬出する

③不要品エリアG、Hのものは廃棄する

④E・Fについては、不要品リストを作成し、停滞理由を調べ、再び不要品が発生しないように購買のルールを決める。また、購入コストを算出する

第2章　2S:安全で働きやすい職場を創る

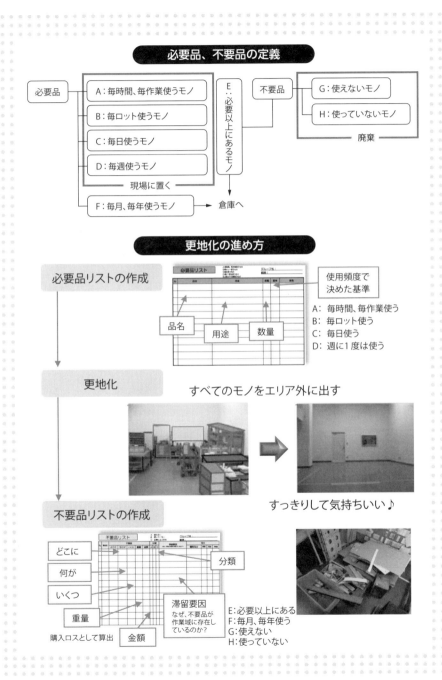

⑤ 置き場所、置き方の決定

レイアウトの表示

　更地化された対象エリアに、理想レイアウトに合わせてカラーテープで通路と置き場所を表示します。

置き場所の決定

　必要品をルールに従い、置き場所を決めます。
〈置き場所のルール〉
　A：身に付ける。作業台上
　B：準備台車上
　C：作業エリア内の保管場所
　D：作業エリア外の保管場所
　置き場所と置いたモノが、一目で一致しているとわかるように表示します。棚や箱に入れるものは、中のモノがわかるように見える部分に写真を貼ります。
　倉庫に持って行ったEランクのモノに関しては、棚にA、B、C、Dとランク表示し、品名、使用頻度、在庫数を表示します。在庫数は、持ち出すたびに改訂していきます。Fランクのモノに関しては、使用頻度により置き場所を決定します。

置き方の決定

　作業台上、台車、保管場所で、ルールに従い置き方を決定します。
　ルール1：使う順序に並べる
　　　　2：使う頻度に並べる
　　　　3：混同しやすいものは離す
　ルール1と2を実際にやってみて、時間が短くやりやすいと感じた方を採用します。置き場所と置くモノの双方に表示をします。

第2章　2S:安全で働きやすい職場を創る

置き場所、置き方の決定

レイアウトの表示

理想レイアウトに合わせて、カラーテープで表示する

置き場所の決定

ルールに従い、置き場所を決める

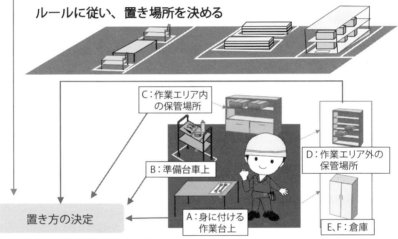

A：身に付ける作業台上
B：準備台車上
C：作業エリア内の保管場所
D：作業エリア外の保管場所
E,F：倉庫

置き方の決定

ルール1：使う順序に並べる

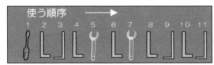

ルール2：使う頻度の順に並べる

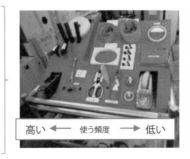

高い ← 使う頻度 → 低い

ルール3：混同しやすいものは離す

31

⑥ 2Sを仕上げる

取り出しやすさの追求

　３つポイントを参考に、取り出しやすさを追求します。

ポイント１：体に無理がない

　　○高さ：しゃがまない、背伸びしない、胸から膝

ポイント２：作業に無理がない

　　○目で見て確認しなくても取れる

　　○持ち直しせずに次の動作に移ることができる

ポイント３：使った後の戻しが楽

　　○使った後、確認しなくても元の位置に戻せる

　　○手を離せば元の位置に戻る

目で見る管理

　ここまでやってきた活動の状態が、守られているか守られていないかを、現場と現物を一目で見ただけで、わかるような表示をします。

　①置いてある場所と置いてあるモノ（の表示）が一致している

　②置いてあるモノが枠からはみ出ていない

　③置き場所表示がないところに置いていない

　④仮置きがない（仮置きという表示があってもダメ）

　⑤置き場所に何もない時、誰が持ち出しいつ返すかが表示してある

　⑥色や形で区分し、見つけ出しやすくなっている

　⑦見渡せる。高さ制限がある

　⑧先入れ先出しルールが守られている

　⑨棚などの上にモノが置かれていない

　⑩箱などに入っているモノには、中に何が入っているか表示してある

　重要なことは、チェックリストを使わなくてもその状態が現場、現物で確認できることです。

取り出しやすさの追求

取り出しやすさの３つのポイントを参考に、取り出しやすさを追求する

【治具の保管方法改善】
サイズや良品・不良品混在での保管

サイズごとに保管BOXを作製
（取り出しやすさを追求）

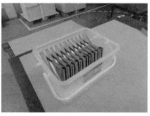

目で見る管理

２Sの維持状態が一目でわかる現場をつくる

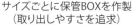
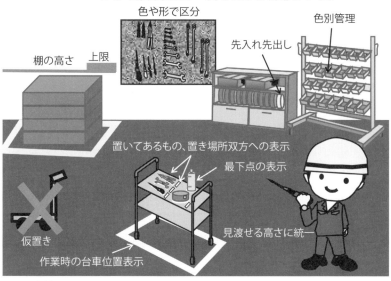

ポイント チェックシートを使わなくても、誰でもわかるようにする

⑦ 変化に対応できるしくみづくり

2Sの状態を維持することの難しさ

2S を推進する管理・監督者にとって一番の悩みは、せっかくつくり上げた 2S の状態が維持できないことでしょう。一般的には、2S の状態を維持するためにチェックシートをつくって自己チェックさせたり、診断シートをつくって定期的に職場を回ったりしています。しかし、それでも一度整えた 2S の状態が崩れ、元に戻ってしまい、何度指摘してもなかなか 2S が完成しないというのが職場の実態です。

変化に対応できるしくみづくり

その悩みを解消する方法として、近年ではコスト的にも扱いやすくなった **IC タグによる位置管理**を試行しています。

使用頻度の高いモノから IC タグを貼り、場所と履歴を管理します。

○作業者が戻す場所がわからない時には戻す場所を示す

○間違った場所に戻した時には知らせる

○ある一定時間戻さない場合に知らせる

○モノの寿命が来たら知らせ、交換を促す

このようなしくみを導入することで、2S の状態を維持する習慣が自然に身に付きます。しくみは、習慣付けするためのガイドとなるわけです。

この IC タグによる位置管理は、棚や倉庫管理でも大きな力を発揮します。誰でも 1 回や 2 回、棚や倉庫で必要なモノを探すのに苦労した経験があると思います。たとえ、2S をした後の状態でもです。IC タグによる棚と倉庫の位置管理で、あると思われる（表示されている）近辺にリーダーをかざすだけである場所が特定できます。

2S の状態を守らせるために様々なことをやってきました。しかし、時間が経ち人が代わると、状態も変わるのを見て来ました。その経験から、**時が経ち人が代わっても、対応できるしくみづくりを試行しています。**

第2章　2S:安全で働きやすい職場を創る

2S 定着化に向けて

置き場所の決定

必要品A〜Eの順にICタグを貼る

⬇

場所と履歴の管理

A〜D

治工具管理（A〜C）
①工具はどこか
②戻し忘れはないか
③使用時間はどのくらいか

台車管理（A〜C）

⬇

棚・倉庫管理

A〜Dで必要以上にあるモノ、E

棚・倉庫管理
探しているモノは
　どこにあるのか

⬇

守る習慣

実話「やろうぜ、更地化！」

　冬の晴れた日の朝、全員で更地化をした。

　冬なのにみんな汗をかきながら、現場にあるものを工場裏の駐車場に持って行く。現場に据え付けてあるデカイ設備も、アンカーを抜いて外に出す。この運び出しは揉めた。

　「そこまでやる必要あるの？」

　「戻した後、精度が出ないよ！」

　現場からも生産技術部門からも文句が出た。当然である。

　しかし、社長の一言で決まった。

　「どうせやるなら、徹底的にやろう！」

　その一言は、社長の決意の表れだった。

　初めはしぶしぶ。しかし、途中からノリノリ。初めは文句タラタラだった作業者や保全員が、今は喜々として設備を運び出している。

　「本当はやりたかったんだよね」

　外に出した設備は、エアブローで長年蓄積されたホコリを吹き飛ばす。

　「気持ちいいねぇ～！」

　あちこちで声がする。「このまま晴れていて…」と祈った。

異常のあぶり出しが始まる

　組立現場はモノが多い。それも全部外に出した。モノを出す時、やみくもに出してはいけない。使えないモノはエリアＧ、使っていないモノはエリアＨ。使っているモノは、使用頻度に合わせてそれぞれＡ、Ｂ、Ｃ、Ｄ、Ｅ、Ｆエリアに分けながら出す。この分ける作業が大切だ。ＡからＤエリアに置かれたモノを現場に戻す。Ｆエリアに置かれたモノは倉庫に持って行く。ここまでは、わかりやすい。ちょっとわかりにくいのが、使っているモノでも必要以上にあるモノは、エリアＥに出して倉庫に持っていくというルールだ。しかし、その目的を理解すれば簡単だ。現場は狭い。その時に必要なモノだけが現場にあ

るべきなのだ。必要なモノでも、その時必要じゃないモノが現場にあると、もっと狭くなってしまう。取り違いも起きる。だから、使うモノでも必要以上にあるモノは倉庫にしまう。そういう考え方だ。

　そもそも何でこんなにモノがあるのだろう。当然、持つ疑問である。使っていて、その時に見当たらなかったから買った。予備として買った。現場のあちこちで、同じようなものを買っていた。自分のお金だったらこんな買い方はしないな、と思った。後で知ったが、総額 1,023 万円。自分のお金じゃ買えないと思い直した。

　すべてのモノを運び出した現場は、広々としている。まず、掃除機でごみを吸う。すぐにフィルターが詰まった。次にモップで床清掃。すぐにモップが汚くなった。こんなに汚れてたんだと思った。最近、異物がよく問題になる。

　「こんなに汚れてたんじゃ、異物どころの話じゃないだろう？」

と、つい口に出る。

　テープもはがす。これがなかなかしぶとい。はがれない。コンクリートが塗料と一緒にはがれた。「やばい」と思いながら、知らんぷり。何もなかったようにパテに持ち替えた。パテでコリコリ少しずつはがしていく。初めからこうすればよかった。

　きれいになった現場でペンキ塗りを始める。これが意外と楽しい。どんどん塗っていったら、逃げる場所がなくなった。窓を開けて脱出した。

　外では、運び出されたモノが堆く積まれている。

　「現場に、こんなにモノがあったんだぁ〜」

　驚きの声。

　「これじゃ、狭いはずだ」

と声が続く。まったく同感だ。

決め事を整理して現場を元に戻す

　現場のペンキが乾いたら、参加者全員で広々とした現場で記念撮影。満足度マックスの瞬間だ。これ、現場に貼っておこうと思った。

　理想レイアウトに合わせて、置く場所をカラーテープで表示していく。まず

通路。白テープで表示。建屋の入口からまっすぐ伸びるメインストリートだ。そして、作業台、台車、棚の置き場をつくった。

その表示に合わせて、まず作業台と台車、棚を現場に戻す。

そして、いよいよ必要品の搬入。エリアＡのものは作業台の上。エリアＢの台車の上。エリアＣのものは作業場脇の棚。エリアＤのものは壁際の棚。それぞれ戻した。これまでごちゃごちゃしていた現場が、なんてスッキリしていることか。感動した。この状態は絶対維持すると決意した。

こうして、更地化の１日で終わった。

「一日、晴れてて良かったな」

社長の一言。同感です。この爽快感は何だろう。みんな同じ気持ちのようだ。夜は、お決まりの懇親会。みんな更地化の話で盛り上がる。

現場をあのままにしてきてしまった。整頓は、明日だなと思った。

更地化を思いついた経緯

更地化を思いついたのは、20年前です。当時私も、赤札活動をしていました。しかし、一つひとつのモノを判別するには膨大な時間がかかり、活動は遅々として進まず、せっかく苦労して付けた赤札も色落ちしてくすんだオレンジ色になり、活動は6カ月にも及びました。それにもかかわらず、目立った効果はなし。こんなやり方で良いのだろうか、と思っていました。

そんな折り新宿に行った時、副都心の再開発現場を見ました。それまで雑然していた場所が更地化され、どんどん美しい街並みに変身。その現場とプロセスを見た時に、「これだ！」と思いました。

そのアイデアをもとに更地化を考案しました。更地化により、今まで長い期間を要した2Sを、モデルエリアで1日、工場全体だと1カ月で完了させることができるようになりました。これを全社員で一斉にやると、その爽快感と充実感たるや筆舌に尽くし難しです。

「やろうぜ、更地化！」というのは、お客さまが付けた合言葉です。その会社は、「やろうぜ、更地化」を合言葉に有志でどんどん更地化を進め、1年で全12工場の2Sを完了させたのでした。

第 **3** 章

3S：止まらない設備
に育てる

① 基本中の基本、原理・原則という考え方

設備の構成

　設備は、部品で構成されています。部品が組み合わされてユニットになり、ユニットが連結されて1つの設備となります。

原理とは

　原理とは、パーツに働きかけている部分（直接部位と言います）に**求められる機能**です。吸着パッドを例にとると、「吸着すること」が原理になります。通常、原理は設備の呼び名になっています。

原則とは

　原則とは、各部位が正しく働くために、**必要とされる条件や状態**のことです。吸着パッドの原則は全部で13個あります。

　①吸着パッドが汚れていない　　②摩耗がない　　③破れていない

　④ワーク上に異物がない　　　　⑤ワークの下に異物がない

　⑥配管が詰まっていない　　　　⑦配管に破れがない

　⑧パッドと配管のつなぎ目にゆるみがない

　⑨鉄板に轍（キズ）がない　　　⑩元圧P0が低下していない

　⑪ワークとの軸ズレがない　　　⑫ワークとの位置ズレがない

　⑬ワーク面が荒れていない

原理・原則と不具合現象

　原則が崩れると原理通りに働かず、不具合現象（故障、チョコ停、不良）が発生します。吸着パッドを例にとると、13の原則の1つないしは複数が崩れると、吸着エラーが発生します。したがって、吸着エラー対策は、13のうち崩れていた原則を復元することになります。

設備は部品で構成されている

部品が組み合わされユニットに、ユニットが連結されて設備となる

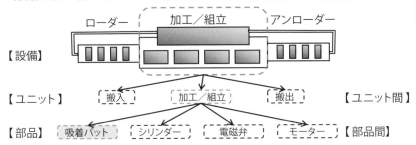

原理・原則と不具合現象

原理とは、パーツに働きかけている部位に求められる機能
原則とは、各部位が正しく働くために必要とされる条件

吸着パッド：吸着すること　　　　吸着パッド：１３の原則がある

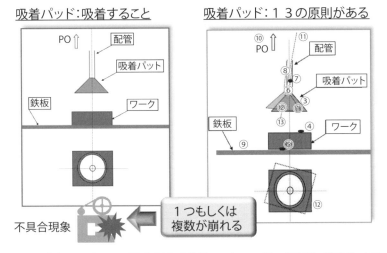

原則が崩れると、不具合現象（故障、チョコ停、不良）が発生する
⇩
不具合現象をなくすには、原則の崩れを復元すればよい

原則の崩れは20もある

異物
　ごみや汚れ、さびが相当します。これらは、設備を使っていくうちに発生します。設備の劣化を加速させ、異物不良を発生させるのです。

劣化
　つまりや漏れ、ゆるみ、伸び、ガタ、摩耗、キズ、変形、硬化、帯電化などの現象を指します。設備を使っていくうちに進行します。チョコ停や不良の直接的原因となり、放置しておくと故障に至ります。また異物の発生源ともなり、異物不良を発生させ、その異物で自らの劣化も加速させます。

精度
　ズレやクリアランス、調整不良、タイミング、組付不良、設備の水平度などのことです。設備の製作、据付時に織り込まれます。新規設備にもかかわらず不具合現象を起こした場合は、この原則の崩れが原因と言えます。

部品
　仕様外の部品を使用しているケースが時折見られますが、これは設備の設計時に織り込まれます。いわゆる、設備の設計ミスです。

要因と原因
　20の原則崩れを不具合現象の要因と呼びます。要因とは、不具合現象を起こす可能性のある因子です。それに対して原因は、不具合現象を起こしたと限定できた因子です。現場で要因を見つけ、それを排除した結果、不具合現象がなくなった時に原因とします。

第3章　3S:止まらない設備に育てる

原則を崩す要素

異物: ①ごみ

②汚れ

③さび

> 異物
> ○異物不良の原因
> ○劣化を加速させる

設備を使っていくうちに発生

劣化: ④つまり ┐
　　　⑤漏れ　┘ プロセス系

⑥ゆるみ

> 劣化
> ○チョコ停、不良の直接的原因
> ○放置すると故障に至る
> ○異物の発生源となる

⑦伸び

設備を使っていくうちに発生

⑧ガタ

メカ系

⑨摩耗（わだち、偏摩耗）

⑩キズ(ヒビ、クラック)

⑪変形

⑫硬化(軟化)

⑬帯電化(磁気化、粘着化)

精度: ⑭ズレ（芯ズレ、軸ズレ、位置ズレ）

⑮クリアランス

⑯調整不良

> 精度
> ○チョコ停、不良の直接的原因
> ○劣化を加速させる

⑰タイミング

新設備導入時の点検ポイント

設備の製作、据付時に織り込まれる

⑱組付精度

⑲設備設置の水平度

> 新設備なのにチョコ停、
> 不良が発生する場合の原因

部品: ⑳仕様外（ギリギリ）使用

設備の製作、据付時に織り込まれる

> 必要精度が出ない、劣化の
> 進行が早い場合の原因

要因と原因とは

要因:不具合現象を起こす可能性のある因子

原因:不具合現象を起こしたと限定できた因子

・現場で発見
・復元後、
　不具合現象なし

43

原則の崩れは清掃で復元する

全体清掃の進め方

　設備のカバーを外し、全体を清掃します。
　①設備の異物を除去する
　②部品の劣化を復元する
　③設備の水平度、ユニット間の精度を復元する

分解清掃の進め方

　全体清掃をしても不具合現象がなくならない時、分解清掃をします。
　①不具合現象を観察し、3現（現場・現物・現象）シートを作成
　②不具合発生部位の原理・原則を洗い出し、2原（原理・原則）シートを作成
　③不具合発生部位を部品レベルまで分解し、2原シートにより原則の成立度をチェックし、原則の崩れを見つけて復元
　これで、不具合現象はなくなるはずです。もしなくならない場合には、もう一度原則の洗い出しと分解清掃をやります。

パスライン清掃の進め方

　現象の連鎖が発生している時、不具合発生部位から上流にさかのぼりながら、全体清掃と分解清掃をしていきます。
　現象の連鎖とは、ある部位で原則の崩れがあったにもかかわらず、設備が止まらずにそのままワークが流れ、下流の部位で不具合現象を起こして設備が止まるという現象です。現象の連鎖が起きているか否かの判断は、3現シートの作成時にします。
　パスライン清掃は、長い自動組立ラインにおける不良の原因追究に有効です。もし最終検査工程で不良が発生し、それを設備起因と判断した場合には、初めからこのパスライン清掃を実施します。

第3章　3S:止まらない設備に育てる

全体清掃

設備のカバーを外し、全体を清掃する

ローダー　　　加工/組立　　　アンローダー

①異物の除去　②劣化の復元　③精度出し

不具合現象がなくならない

分解清掃

不具合現象発生部位

①3現シートの作成
②2原シートの作成　→　③分解～原則の崩れを見つけたら復元

現象の連鎖　あるユニットに原則の崩れ　しかし　止まらずにそのまま流れる　下流でワークが止まる

パスライン清掃

ローダー　　　　　　　　アンローダー

さかのぼる

不具合現象発生部位からさかのぼって全体清掃、分解清掃する

長い自動組立ライン

・最終検査工程で不良が出た場合の原因追究に有効

45

④ 突発は人、慢性は原則の崩れ

突発と慢性の区分

　不具合現象は、突発と慢性に分けられます。**突発の原因は主に人**です。普段出ている水準と明らかに違うケタの不具合現象が発生したら、まず人を疑います。具体的には、その不具合現象が発生した時に、誰が段取り替えや作業をしていたかを調べ、本人にきちんと作業標準を守ったか、もしくは普段と違う何かをしなかったかを確認します。

　まれに不良材料の流入も突発の原因となります。その場合には、不具合現象発生の材料メーカーと品番、ロットを調べ、受け入れ検査結果を調べます。最終的には、材料供給メーカーに問い合わせをします。

　慢性の原因が、原則の崩れです。この場合には、原則整備をします。

　このように突発と慢性の対策は全く違います。したがって、清掃する前に不具合現象の発生推移グラフを書き、突発と慢性を区分する必要があります。

直接的原因と管理的原因

　不具合現象の原因には、**直接的原因と管理的原因**があります。直接的原因とは、不具合現象を直接起こした原因であり、現場・現物で観察できる原因です。それに対して管理的原因とは、設備の原則の崩れを点検する基準がなかったことにより、直接的原因を発生させてしまった人起因の原因と言えます。

　設備の不具合現象をゼロ状態に保つには、直接的原因を取り除くだけではなく、管理的原因への対策、つまり設備の点検基準の整備も必要です。

不具合現象の原因構造

　不具合現象が解決できないのは、複雑な原因構造が明確になっていないからです。慢性化した不具合現象の原因構造は、複数に原因が連鎖する構造となります。この全体の原因構造を表した図を、**原因構造図**と呼びます。

第3章 3S:止まらない設備に育てる

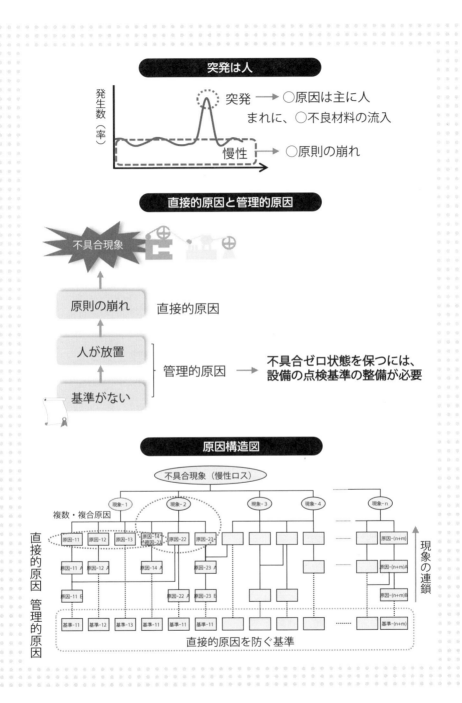

⑤ 設備トラブルをゼロにする

清掃しなくてもトラブルをなくせないかを考える

設備トラブルは、原則を整備する清掃によりなくなります。しかし、清掃には時間とコストがかかり、生産も止めなくてはならず、できればやらずに済ませたい、可能な限り短い時間で済ませたいというのが本音です。

そのために3つのデータ分析で、不具合現象の原因が設備起因以外ではないか、設備起因だったらどの部位を清掃すべきかを明確にします。

3つのデータ分析により不具合現象の原因が設備起因である場合には、不具合現象の発生頻度により清掃を実施していくユニット（部位）の優先順位を付けます。これを、清掃対象の明確化と言います。

いよいよ清掃

優先順位が決まったら設備のカバーを外し、異物を排除し、ユニット、ユニット間の劣化と精度を復元します。これを全体清掃と言います。この清掃で軽微な不具合現象をなくすことができます。

全体清掃を実施しても不具合現象がなくならない場合、現場で不具合現象を観察し、3現・2原シートを作成して原則を洗い出します。

そして、分解清掃に臨みます。分解清掃では不具合現象発生ユニットを設備から降ろし、ユニットを部品レベルまで分解し、一つひとつの部品、部品間に対し原則の崩れを2原シートにより点検し、復元します。これで、不具合現象はなくなります。

仕上げは点検基準の作成

2つの清掃で明確になった原因とその連鎖を把握し、原因構造図に表します。これを**メカニズムの解明**と言います。

仕上げとして、2回の清掃で発見された原因に対する設備点検基準書を作成します。ポイントは、効果が実感でき気軽にできることです。

設備トラブルゼロ化のステップ

データ分析
↓ 3つのデータ分析　①突発と慢性の区分
　　　　　　　　　　②発生傾向
　　　　　　　　　　③現行処置

清掃対象の明確化
↓ どこを清掃するか　①チョコ停マップ
　　　　　　　　　　②パレート図

全体清掃
↓ カバーを外して清掃する　①異物を取り除く
　　　　　　　　　　　　　②劣化の復元
　　　　　　　　　　　　　③精度の復元
　　　　　　　　　　　　　④部品の仕様調査
　　　　　　　　　　　　　⑤不要品の排除
　　　　　　　　　　　　　⑥清掃改善場所の洗い出し

3現・2原シートの作成
↓ どこを分解するか　①3現シートの作成
　　　　　　　　　　　　　　　　　　　②2原シートの作成
　　　　　　　　　　　　　　　　　　　絵で描く：写真を貼らない

分解清掃
↓ 分解し、原則崩れを復元　①精度測定
　　　　　　　　　　　　　②分解
　　　　　　　　　　　　　③原則の崩れを復元

メカニズムの解明
↓ 現象の連鎖　①パスライン清掃
　　　　　　　②直接的原因と管理的原因の明確化
　　　　　　　③原因構造図の作成

点検基準の作成
①全体清掃の劣化と精度の項目　→ 点検基準 → 点検周期
②分解清掃の管理的原因
　 効果が実感でき、気軽にできる

⑥ まずはデータ分析、次に対象の明確化

突発と慢性の区分

　不具合現象の発生件数（率）の推移をグラフに書き、突発と慢性を区分します。突発の場合は、作業者と材料メーカー、ロットを調査します。

発生傾向分析

　①発生工程：不具合現象が発生した工程、設備を調査

　　☞　清掃対象を決めます。

　②時系列：発生日時、立ち上げ・段取り後からの経過時間を調査

　　☞　立ち上げ、段取り替え直後だったら、標準整備を行います。

　③材料：不具合現象と材料メーカー、ロットとの相関を調査

　　☞　受け入れ検査データを調べ、不良品の流入の有無を確認します。

　④品種：不具合現象と品種の相関を調査

　　☞　現象観察、効果測定に使います。

　⑤治工具：不具合現象と発生した型、治具、工具の相関を調査

　　☞　傾向があったら型、治具、工具の清掃をします。

　⑥個人：不具合発生時の作業者を調査（ポカミスの可能性を考慮）

現行処置分析

　作業者にインタビューして、不具合現象解決のヒントを得ます。

　①不具合現象発生時に、再発させないために何をしているか（処置）

　②生産時に不具合現象を発生させないために何をしているか（予防）

対象の明確化

　不具合現象の発生件数をユニットごとにまとめ、鳥瞰図に書き込みます。不具合現象・発生部位別パレート図を作成し、清掃対象を明確にします。

突発と慢性の区分

突発の原因は、人か材料

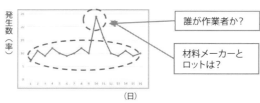

発生傾向分析＋現行処置分析

6つの分析で、活動の方向性を決める

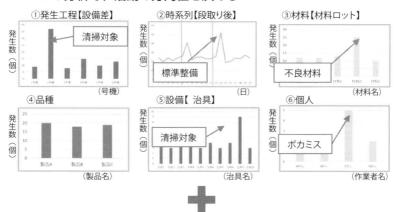

＋

作業者のやっていることから解決のヒントを得る

対象の明確化

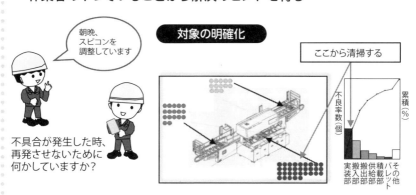

清掃は6つの目的でやる

設備のカバーを外し、全体を清掃しながら設備の各部位を点検します。

異物を取り除く
　①異物（ごみ、汚れ、さび）を発見し、発生源リストに記入
　②異物不良が発生している場合、異物の現物を採取し、物性を分析
　③異物の除去時間を測定

劣化を復元する
　①劣化（つまりや摩耗など）を発見し、劣化リストに記入
　②劣化を復元
　③劣化を自然劣化、強制劣化に区分する。自然劣化の場合は部品の寿命を決め、強制劣化の場合は原因（精度、過負荷）を突き止める

精度を出す
　①精度（ズレなど）を測定し、精度不良リストに記入
　②精度不良があったら復元（精度出し、部品交換）

部品仕様を調査する
　部品の使用状態と仕様条件を比較し、仕様外使用の部品を交換します。その結果は、部品交換リストに書き込みます。

不要品の排除
　設備の機能上必要のない部品を排除し、不要品リストに記入します。

改善項目の洗い出し
　分解、清掃、組立に時間がかかる場所を清掃改善リストに記入します。

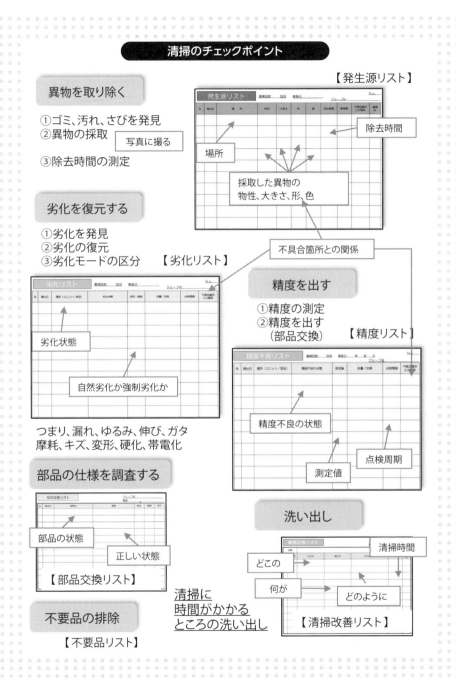

バラしたくなる気持ちになる

個別現象の定義
　従来の現象分類は、集合体を表している場合が多く見られます。原因は集合体に存在するのでなく、個別の現象に存在しています。したがって、現象を個別で見ないと原因追究が難しくなります。現象を個別で見るために、3現シートを作成します。

3現シートの作成
　不具合現象が発生したら現場に駆け付け、3現シートを使って現象観察をします。シートには、ワークや設備（部位）の状態、不具合現象を書き込みます。ポイントは、絵で描くということです。そうすることで、しっかり見る癖がつきます。

2原シートの作成
　3現シートにより限定した不具合発生部位に対して2原シートをつくり、原則を洗い出します。
　　①対象部位の構造図を平面図で描く
　　②対象部位の原理を、「〜すること」と定義
　　③原理を成り立たせるための原則を挙げる。この際、劣化や精度に求められるレベルを図面や仕様書で確認し、定量的に記入
　通常、この2原シートをつくっている段階で、原因がおぼろげながら見えてきます。中には、「これだ」と確信に近いものを感じる時があります。そして、バラしたくなる気持ちになります。そういう気持ちになったら、分解清掃を決行します。

分解清掃の準備
　分解清掃前に、必要な交換部品や工具を揃えておきます。

第3章　3S:止まらない設備に育てる

分解清掃着手へのフロー

個別現象の定義

不具合の原因は個別現象に存在する

現象を個別で見るために
3現シートをつくる

3現シートの作成

不具合現象が発生したら現場に駆け付ける

どこで引っかかるのか？

入口で引っかかる？

途中で引っかかる？

つなぎ目で
引っかかる？　シューター

不具合発生
部位の限定

| 3現シート | チーム名 | 設備名 | ユニット名 | No. |

1. データ分析
　①発生工程：投入
　②時系列：2012.4.17

1. データ分析でわかったこと
2. ワークの状態
3. 設備の状態　　を書く

観察された現象（鳥瞰版）

2. ワークの状態
　タブレットが斜めにクランプ
　されてタブレットカセットに
　入りきらない
3. 設備の状態
　→タブレットが引っ掛かり
　シリンダーが下端部へ到達
　しない

ポイント 絵で描く →しっかり見る癖

2原シートの作成

不具合発生部位の原則を洗い出す

ワークに近い部位から
20の原則に照らし
合わせて洗い出す

2原シート

ユニットの構造（図）

平面図で書く
①寸法、ズレを記入できるように
②原則との対応NO.を書く

原理（対象ユニットの働き）

原理1つずつ作成する
（1原理1枚）

タブレットを斜めにクランプする
（斜めにクランプしない）

ポイント 劣化、精度レベルを定量的に書く

バラしたくて、バラしたくて、バラしたくて、たまらない気持ち

55

不具合現象は必ずなくなる

精度確認

　分解する前に現状の精度を測定します。

分解清掃

　不具合発生ユニット（部位）を分解します。分解、清掃に時間がかかる部位があったら、清掃改善リストに記入します。
　2原シートに沿い、原則の崩れを点検しながら原因を特定します。
　①成立度チェック：2原シートの成立度の枠に原則の崩れの程度を、○は崩れていない、×は崩れている、△は疑わしい、で記入する
　②×と△になった項目に関して、崩れの程度を定量的に記入する
　③復元の必要性を記入する。○は復元、△は保留を指す。保留は、交換部品がない、精度出し治具がない場合とする
　④復元した部品、部位の状態を定量的に書き込む
　⑤原則の崩れの状態を構造図に書き込む
　⑥原則の崩れている部位（部品）を赤枠で囲む

組立・調整

　原則の復元が終わったら設備を組立、調整します。組立と調整時間がかかる部位があったら、清掃改善リストに記入します。

効果確認

　効果確認をします。必ず不具合現象はなくなります。分解部位において不具合現象が発生しない場合には完了です。
　一方で、不具合がなくならない場合には、原則の洗い出し不足が原因です。もう一度原則を洗い出し、分解清掃します。ほとんどの場合、この2度目の分解清掃で不具合現象はなくなります。

第3章 3S:止まらない設備に育てる

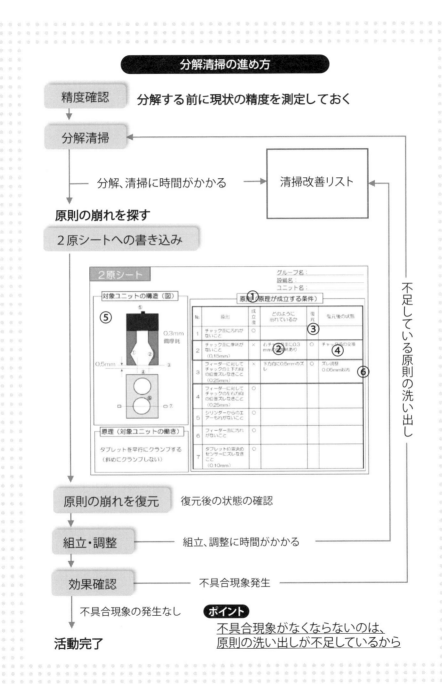

⑩ メカニズムを解明し、全容を知る

メカニズムを解明する

　現象の連鎖が起きていると考えられる時、メカニズムの解明を行います。

　メカニズムとは、不具合現象の初めの原因から最後の現象に至るまでのプロセスを言います。そのプロセスを明らかにすることをメカニズムの解明と呼んでいます。**メカニズムを解明すると、不具合現象発生の全容が明らかになり、根本対策を打つことができる**ようになります。

　例えば吸着装置で、吸着位置でワークのズレにより吸着エラーが発生した場合にそのメカニズムは、

　　①搬送ロールに偏摩耗、ロールの芯ズレがあり、搬送コンベアの手前と奥の
　　　張りに差ができる

　　②ワークは、コンベア片側に沿って流れる

　　③ワークは、コンベアのつなぎ目の出っ張りへ衝突する

　　④ワークは斜め姿勢になり、コンベアで搬送されてくる

　　⑤吸着位置でワークの位置ズレを起こし、吸着エラーが発生する

となります。

原因の構造を明らかにする

　解明したメカニズムを1つの図にしたものを原因構造図と言います。

　つなぎ目の出っ張り、搬送ロールの軸ズレ、偏摩耗が直接的原因です。それに対し、つなぎ目の点検やロールの点検が管理的原因となります。**点検基準**は、この**管理的原因への対策**です。

　気を付けなくてはならないのは、コンベアの張りや片側搬送、出っ張り、斜め搬送、ワークの位置ズレは現象であり、原因ではないということです。これらに対策を打ってはいけません。原因と現象を区分する時には、20の原則に照らし合わせて判断します。

58

第3章 3S:止まらない設備に育てる

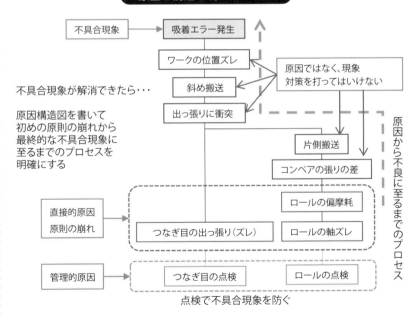

人も設備も同じ、定期点検が重要

　原則整備により一度なくなった不具合も、設備を使っているうちに再発します。整えた原則が崩れるからです。時間の経過とともに崩れる原則を見つけ、不具合現象が再発する前に復元することを定期点検と言います。
　人も設備も同じです。定期点検は、人の定期健診と同じぐらい重要です。

点検基準の作り方

　点検基準は、劣化リスト、精度リスト、2原シートをもとに作成します。一般的に、設備の点検項目は多くなりがちです。設備設計者が思い当たるところをすべて点検項目に入れるからです。そうすると、点検項目が多い割には不具合現象がなくならないという点検基準になっています。
　設備にはそれぞれ独自の弱点があります。劣化リスト、精度リスト、2原シートで×になった項目がその弱点です。設備独自の弱点に点検項目を絞ると、効果的な点検基準が出来上がります。
　現場の作業者は日々生産に追われています。現場できちんと点検してもらうには、**効果が実感でき、簡単にできる点検基準**が必要になります。

点検周期の決定

　点検周期は、初めは短めに1週間ぐらいから始めます。そして、原則の崩れの進行状況を見ながら2週間、1カ月と徐々に延ばしていきます。

日々管理

　それでも新たな不具合現象が発生する場合があり、以下に注意します。
　①新たな原則の崩れが発生した可能性がある。その時には、不具合現象発生部位の分解清掃を行う
　②点検基準を作業者が守らなかった可能性がある。その時には、作業者に守る意味を教える

第3章 3S:止まらない設備に育てる

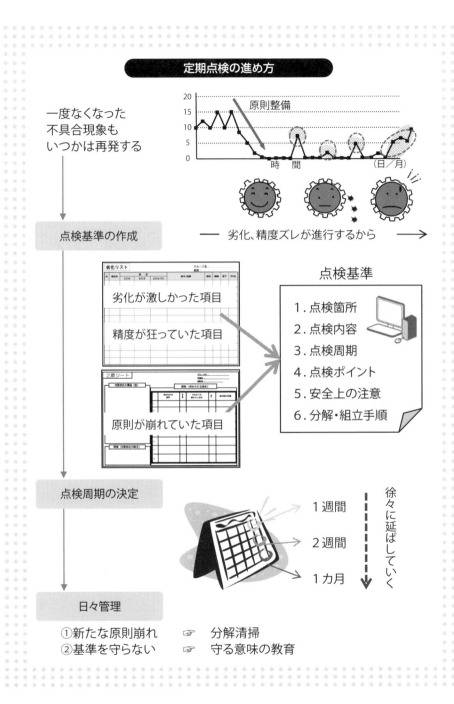

実話「チョコ停なんて、簡単になくせますよ」

　信じられない。コンサルタントの言う言葉を、である。

　今まで自分たちで手を尽くし、どうしようもなかった設備のチョコ停や不良をゼロにするというのである。それも、たった1日で。そんなの信じられるわけがない。

　今から26年前、当社は設備の予防保全活動をしていた。初めは活動も盛り上がり、全員が一生懸命活動し、4年かけて賞も取った。しかし17年間活動しても、本来の目的であった予防保全体制は実現できなかった。活動は複雑化し、広範囲に広がり、資料づくりばかりが増え、限られた時間では十分な活動もできず、結局、10年前にやめた。そんな苦い経験がある。自分たちが苦労してできなかったことが、たかがコンサルが1日でできるというのである。信じられるはずがない。傲慢な奴だ。そんな気持ちで実践研修に臨んだ。

チョコ停は1日で直せる

　実践研修は、3日間で行われる。1日目がセミナー、2日目が実践、3日目が発表会となる。

　1日目。セミナーでは、原理・原則について学ぶ。20の原則を整備すればチョコ停や不良がゼロになる、と言っている。そんなに簡単なものじゃない。

　2日目。いよいよ実践。メンバーは現場に行き、設備をバラし始めた。これまで分解したこともないところまで分解し始めた。どんどんバラす。そして、わずか10分後。

　「あ～っ」

　どうしたのかと思って、行ってみた。メンバーが画像検出装置のLEDランプを持っていた。円で240度、16個並んでいる。そのうちの7個が切れていた。

　「これが、誤検出の原因かもしれません」

　メンバーが喜んで言った。

「なぜ、今まで気が付かなったんだ？」

横から一言。

「部長、今までのことは言っても仕方ないでしょう。これから、気を付けるよね。それより、他の設備で同じLED切れがないか調べよう」

その一言にメンバーは驚いた。他の設備は43台もある。今からやったんじゃ、研修が終わらない…。しかし、現にLED光源が切れていた。その事実を見てからでは、何も言えない。チョコ停は、他の設備でも出ている。結局、2人を他の設備のLED点検に回した。

バラして見えなかったものが見えた

原因らしきものを1つ見つけたことが、勢いをつけた。その後も、どんどんバラす。そして、最も重要な部品送りユニットを設備から降ろした。それを、養生シート上でさらに部品レベルまで分解する。

「こんな構造になっていたんだ」

「ほ～」

そして、心臓部の機構をバラした時。

「あっ。これ、折れてる！」

駆け寄ってみた。ヒンジが折れていたのである。私は、これが原因だ、と一瞬で確信した。私だって現場に34年。何が原因かその実物を見ればわかる。

「すごいの見つけたな」

私はメンバーの肩をたたいた。

「ホントにすごいですね」

メンバーはその折れたばねを、じーっと見つめている。まわりからメンバーが集まってきた。それを手に取り確かめている。いつの間にか、作業者も周りに集まってきている。みんな、「すごい、すごい」と言っている。良い風景だなと思った。

朝9時から始まった分掃（通は、分解清掃をこう言う。私も言ってみた）も16時半に終わった。モデル設備で出た異物は40件、劣化が27件、精度不良が1件だった。その中でのヒットは、やはりヒンジだ。

他の設備のLED切れの調査結果も出ていた。43台中27台も切れていた。もう、なぜ気付かなかったんだ、と言うのはやめよう。

　この研修は、どういうわけか研修後に懇親会が開かれる。昨日も飲んだ。今日も飲む。時間のムダと思っていたが、今日は違った。ヒンジで盛り上がるのである。他に3グループが活動していたが、それぞれのグループでも大発見があったみたいだ。メンバーではその話で大盛り上がり。仕事の話でこんなに盛り上がれるなんて。

設備と現場の人は一体なんだよ

　飲み会をやっている最中も、立ち上げた設備は黙々と生産を続けている。

　8時半頃。メンバーの一人のケータイが鳴った。現場からの連絡である。

　「チーム山猫。チョコ停ゼロ更新中です」

　大声でみんなに発表した。宴会は、拍手の嵐に見舞われた。

　急に他の3人のリーダーが現場に電話し始めた。他の3チームの設備も頑張っているのである。ウチだって、という気持ちがある。

　「ウチもゼロ更新中です」

　「ウチもです」

　「ウチも」

　3人の声が連呼された。

　全チームの設備でチョコ停はゼロ更新している。信じられないことだ。

　3日目は、まとめと発表会である。

　まずは全メンバーが出勤直後に、現場に直行。私も行ってみた。

　チョコ停ゼロマシンが、頑張っている。何だか設備が元気になったような気がする。喜んでいる気がする。お前たちだけ飲み会するなよ、と言っている気がする。これが設備との一体感。コンサルが、設備を見るだけですべてがわかる、と言っていたのがわかった気がした。自分もその感覚を味わっている。設備のチョコ停は1日で直せる。

　現場の人間は、まとめが苦手である。しかし、これも研修。まとめないと、職場のみんなにメンバーが成し遂げた快挙を伝えられない。でも、途中から楽

しそうになってきた。良い結果をまとめるのは楽しいものである。しっかりまとめたようだ。

そして、発表会。チョコ停はたった1日で、4グループともゼロになっている。昨日の夜までの結果は知っていたが、さすがに4グループ揃って発表会の直前までゼロとなると、正直驚くほかない。今まで30分から1時間しか動かなかった設備が、昨日の5時からまだ動いているのである。まさに、目からウロコだった。設備のチョコ停は、本当に1日でゼロになるのである。そうならなかったのは、そうなると思っていなかったこと。そうなるような行動を取っていなかったこと。それが、原因だったのである。そう思うと、行動は早かった。

26年間の夢、予防保全の実現を目指して

実践研修後、全保全員に活動を開始することを指示した。まずは、今回のモデル設備の横展開を1カ月で終了させた。手掛けた設備のチョコ停は、8割がゼロ。残りも1ケタ前半までに激減した。

しかし、何と言っても持っている設備が多い。今度は、その数との戦いとなった。活動するには設備を1日止めなくてはならず、1日止めると生産に大きな支障をきたす。活動と生産の板挟みだ。

その時、コンサルタントから第2の提案が。なんと、今まで1日かかっていた設備停止時間を3時間まで短縮するという。3時間であれば、昼休みを絡めれば実質2時間の停止時間で済む。生産部門もこれなら飲める。今度は、信じて3時間改善をやってみることにした。

3時間改善と言っても、改善を3時間でするのではない。設備を停止する時間を3時間にするということだ。だから、準備が大変になる。コンサルいわく、F1のタイヤ交換のイメージだそうだ。準備をしっかりやり、チョコ停や不良の原因はこれだ、と思った直後に設備をバラす。もちろん、部品手配は事前に手配しておく必要がある。

今まで5、6人で活動していた小集団を3人に分割して再編成。モデル設備バラシ経験者をリーダーにし、3時間改善をすることにした。

3時間改善を一斉に着手

　そこで、また提案である。3時間改善を同じ活動をしている他の2工場と同時開催しようというのである。またなんと…、と思いながら、面白いとも感じた。他の2工場の製造部長と話し合い、そうすることに決めた。そのことをメンバーに伝えると、俄然張り切り始めた。負けたくないのである。人は、適度の競争意識を持った方がいい。

　開催当日、13時。全社一斉に3時間改善が始まった。1カ月前から生産調整を始めて17台の設備を止めた。他の工場を含めると、全社で53台の設備が同時に止まる。よく社長が許可したものだ。

　現場を回ると、みんな必死である。ピリピリしている。いい緊張感である。普段の保全もこうだったらと思ったが、それも無理かと思い直した。

　16時。すべての設備が生産を開始した。何のトラブルもなく17台の設備が立ち上がっていく。見事である。さ、もう止まるなよ、と1台1台に触りながら、声を掛けていった。

　次の日、3工場の結果発表。対象53台中、47台がチョコ停、不良がゼロ。残り6台は1、2件程度の発生。快挙である。すごいと思った。

　3時間改善というツールを手に入れてからの展開は楽だった。各グループの活動に合わせて、保全と生産部門が自主的に設備停止を計画していく。生産部門も、止めれば必ずチョコ停や不良をゼロにしてくれると信じているから、無理にでも生産調整してくれる。この活動が、生産部門と保全部門に信頼関係を築いてくれた。

　1年後、全設備のチョコ停は60%、2年後は80%まで低減できた。その結果、生産性は50%向上し、コストは40%低減、リードタイムも60%低減となり、経営に大きく貢献してくれた。何より保全が楽になった。保全工数は50%低減、部品の交換費用80%減。保全は工数を低減した分、設備の点検に工数を回すことができ、予防保全体制が整った。今なら言える。「チョコ停なんて、簡単になくせますよ。その気があればね」と。

第 **4** 章

4S：クリーン
ファクトリーの実現

① なぜ、異物不良は なくならないのか?

　異物とは、製品の機能達成上必要のないすべてのモノを言います。材料残り、反応生成物、製品の割れや欠け、設備からの鉄粉、油、治具のくず、繊維、清掃用具のくず、皮膚などはすべて異物です。

　つまり、現場は異物だらけなのです。そのような空間でモノをつくっているのですから当然、製品には異物が付き、異物不良が発生します。異物の発生は当然であり、異物不良の発生は必然です。

　しかし、実際に生産に携わっている人は、その当たり前の事実を知りません。異物不良がなくならないのは、生産に携わっている人たちが異物を放置しているからです。

⑴異物の正体を知らない

　異物不良を出している異物の正体（物性や大きさ、形、色）について知りません（分析していない）。

⑵異物の存在を知らない

　異物不良を発生させている異物がどの工程・設備から発生していて、どのように製品に伝達されているかを知りません。

⑶異物を無視する

　目に異物が見えていても、その異物は不良とは関係ないと決め付け、無視します。

⑷異物排除の有効な手段を知らない

　異物を排除し、異物不良をなくす有効な手段を知りません。

⑸清掃を軽視している

　生産（効率性）を優先し、清掃（品質）をおざなりにしています。

　異物を放置しているのは人です。異物不良は、人の異物に対する見方や考え方（感性と言います）が変わらない限り、なくすことは難しいものです。

第4章 4S:クリーンファクトリーの実現

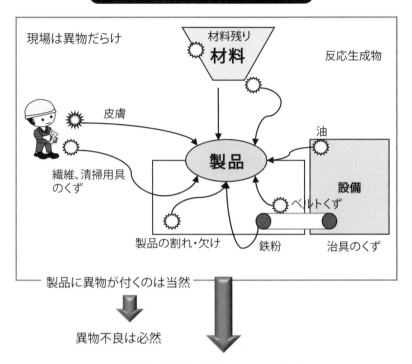

異物不良は、
　　人の感性が良くならないと、なくならない！

69

② 異物は感性

感性とは

　感性とは、問題を感知する能力です。感性には2つあります。

　第1の感性は、目で見えている現象（ここでは異物）を素直に認識する能力です。人は、目に見えるものすべてを認識しているとは限りません。現場を知らない素人にも見える異物を、いつも現場にいる人が見えていないという現象をよく見ます。現場の人はいつもその異物を見ているため、それが不良とは関係がないと決め付け、目には見えていても無意識にそれを無視してしまいます。異物を見たら、それが品質に影響すると考え、その場で除去する。そういう行動を取れるのが、第1の感性です。

　第2の感性は、目に見えない現象を見つけ出す能力です。慢性異物不良の原因である異物は普段、清掃しない場所や見たことがないところに存在します。その事実を認識して普段、軽視しがちな部分にこそ異物があるはずと考える能力が、第2の感性です。第2の感性は、第1の感性を磨くことにより自然に身に付いていきます。

　異物不良をゼロにするには、これら2つの感性を磨く必要があります。それでは、感性はどのように磨けばいいのでしょうか。

感性の磨き方

　異物への感性は、異物に関する知識とアプローチを学び、それを実践して経験を積むことにより磨かれます。積み上げた経験則は、新たな知識となり、感性はさらに磨かれます。

　そこで、次ページから私が培った経験則をご紹介します。クリーンルーム系で50項、清浄室や通常の工場系で37項の中から厳選したものです。異物に関する基礎知識として覚えておきましょう。もしかしたら、今日にでもすぐに使える知識があるかもしれません。

感性とは、問題を感知する能力

☆第1の感性：目で見えている現象を素直に認識する能力
☆第2の感性：目に見えない現象を見つけ出す能力

> 異物に対する感性を磨くには
> 1. 異物に関する基礎知識（経験則）を学ぶ
> 2. 異物に対する基本的なアプローチを学ぶ
> 3. 実践で経験を積み、経験則を習得する

4S：異物に対する感性を磨く活動

感性チェックシート

 あなたの感性は鈍っていませんか？

- ☐ 忙しいと清掃をしない
- ☐ 設備内で見たことがない部位がある
- ☐ 清掃はエアブロー
- ☐ 清掃用具はいつも同じものを使っている
- ☐ クリーンスーツに毛羽立ちがある
- ☐ 粘着マットが汚れている
- ☐ エアシャワーのフィルターを交換したことがない
- ☐ 気流を気にしたことがない

こんなことがあっても、品質には影響はないと思っている

③ 異物は変幻自在

異物不良の慢性化

生産すると異物は必ず発生します。そうした中で、突発異物不良が発生し始めます。その段階で発生源に対して清掃しないと、異物はプロセス内に蓄積され続け、異物不良が増え続けます。そして、異物の量がある一定以上（この値を異物の管理基準と言います）になると、異物不良が慢性化するのです。

無数にある

異物には、目に見える異物と目に見えない異物があります。目に見える異物がある時、目に見えない異物は無数にあります。それは、目に見えない小さな異物が結合して目に見えるような大きな異物になる現象と、大きな異物が砕けて小さな異物になる現象を繰り返すからです。目に見える異物があった時には、目に見えない異物が隠れていることを洞察する注意力が必要です。

普段見ていないところにある

普段は見ない、清掃しない場所にこそ異物が存在します。これは、端からそこには異物はない、と頭の中で決めつけているために起きる現象です。清掃して効果が出ない時、まだ清掃していないところはないかという観点で、見直すことは非常に有効です。

裏にも注意

異物には、表面異物と裏面異物があります。表面異物とは、製品の品質に関係する面についた異物です。この表面異物だけに注目し、裏面異物を放置しているケースをよく見ます。しかし、裏面異物は表面異物を発生させる可能性があります。異物対策では、表面異物だけではなく、裏面異物にも対策を打つ必要があります。

異物不良の慢性化

生産すると異物が発生し、放置しておくと異物不良は慢性化する

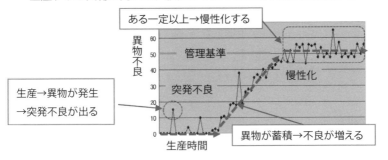

異物は無数にある

目に見える異物があったら、目に見えない異物は無数にある

普段見ていない場所にある

普段、見ない場所、清掃しない場所に異物は存在する

清掃しても効果が出ない時、
「まだ、清掃していないところはないか」
という観点で見直す

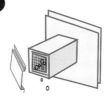

裏にも注意

裏面異物は表面異物を発生させる

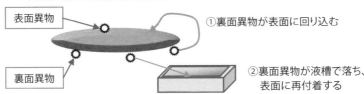

①裏面異物が表面に回り込む

②裏面異物が液槽で落ち、表面に再付着する

④ 清掃は最強の武器

清掃は最強の武器

　清掃は、異物を確実に減らす現場にとって最強の武器です。異物不良を減らしたかったら、とにかく清掃です。かといって、やみくもに清掃すればよいわけではありません。清掃にはいくつかの留意点があります。

清掃の3要素

　清掃の質は、分担、道具、仕上げ基準（これを清掃の3要素と言います）で決まります。清掃の仕方が作業者ごとに違うと、清掃ムラや清掃抜け、雑清掃が起きて効果が出ません。清掃前に、3要素を決めておきます。

清掃は分解しながら

　清掃は設備を分解しながら進めます。異物は、部品のつなぎ目や部品の中に潜んでいます。ユニットを外し、部品を外し、分解してから異物を除去（採取）します。

カバー脱着方式の改善

　設備のカバー脱着には意外と時間がかかり、清掃時に大きなロスとなります。清掃を頻繁に行うには、カバーの脱着方式の改善が必要になります。具体的には、ねじ式をひっかけ式かマグネット式に変更します。安全上の問題があれば、カバーと本体に安全スイッチを付け、カバーを外したら設備が停止するようにします。

清掃の基本

　清掃の基本は、生産したらすぐ清掃、汚したらすぐ清掃です。異物が発生したらその場で除去することが、最も効率的で効果的な清掃です。長期間放置するから異物不良が発生し、落ちにくくなり、清掃に時間がかかるのです。

清掃は最強の武器

清掃は、異物を確実に減らす現場にとっての最強の武器

清掃の3要素

清掃前に分担、道具、仕上げ基準を決める

分解しながら清掃

清掃は設備を分解しながら進める

部品間、部品内に異物が潜んでいる

カバーはロス

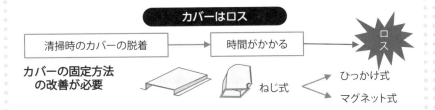

カバーの固定方法の改善が必要

清掃の基本

清掃の基本は生産したら、汚したらその場で除去する

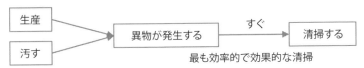

最も効率的で効果的な清掃

⑤ 清掃はもろ刃の剣

清掃時の養生

　清掃すべき対象物は汚れています。それを床に直に置くと床も汚れますが、対象物も汚れます。双方が汚れないように、清掃時には必ず養生をします。また清掃時に、異物が飛び散る可能性がある場合には、清掃対象を覆う形で養生します。

清掃時の服装、用具

　清掃時の服装や用具は、常にクリーンなものを使います。そうでないと、清掃後に繊維異物が発生したり、汚れが再付着したりするからです。

　また、用具の材質にも注意します。ウエスなど、それ自体が発生源になる場合があるからです。

エアブローは使わない

　異物を気にするなら、清掃にエアガンを使ってはいけません。エアガンによる清掃は、かえって異物をまき散らかすからです。まき散らかした異物は、いつか製品に再付着します。全く逆の機能にエアダスターがあります。拭ききれない異物の場合はエアダスターで吸い、異物を分析します。

皮膚と汗に気を付ける

　清掃中に、皮膚や汗が部材や設備の中に落ち、汚染を起こすことがあります。服装に気を付け、清掃する姿勢にも気を配ります。

異物が暴れてもあわてない

　清掃後、一時異物が暴れる（急に増える）ことがあります。しかし、あわてる必要はありません。清掃による配慮不足が原因です。暴れた異物もすぐにおとなしくなり、異物不良は急減します。

76

清掃時の養生

清掃時には必ず養生をする

養生シート

異物が飛び散る可能性はある時には、設備全体を養生シートで被う

清掃時の服装、用具

清掃時の服装、用具はクリーンなものを使う

クリーンでないと
○繊維異物が発生する
○汚れの再付着が発生する

材質にも注意！

保護メガネ
マスク
手袋

エアガンは使わない

エアガンによる清掃は異物を巻き散らかす

エアガン

エアダスター

吸った異物は分析する

皮膚と汗に気を付ける

一生懸命頑張る気持ちは大切
でも、
清掃中の皮膚や汗には気を付ける

異物が暴れてもあわてない

徹底清掃後は、異物が暴れることがある

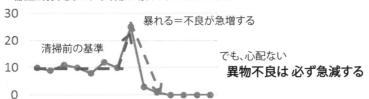

暴れる＝不良が急増する

清掃前の基準

でも、心配ない
異物不良は 必ず急減する

様々な異物の発生源

材料が一番の発生源

　材料中の異物にはフィルターやマグネットで、材料投入時の異物の混入にはクリーンブースで対応します。材料塗布装置の先端ノズルも、すぐに汚れる発生源です。自動洗浄機能を付けるか、まめに清掃します。

人はそもそも発生源

　人が増えると、異物不良が増えます。それは、人が異物の発生源だからです。作業の仕方により、伝達経路ができてしまう場合があります。上からの覗き込み、製品・設備・金型との接触には注意すべきです。

帯電すると発生源

　製品保管ボックスは使っているうちに帯電し、異物の発生源になります。毎回の洗浄と除電処理を欠かしてはいけません。

ダミーは使いすぎると発生源になる

　品質安定のために使うダミーは、使いすぎると発生源になります。したがって、寿命管理が重要になります。

擦れと衝突で発生源

　製品と治具の擦れ、設備と治具の擦れ、製品同士の衝突も発生源となります。設備、治工具の設計の見直しが必要になります。

気流のコントロールは重要

　気流は、異物を発生源から製品まで運んでいきます。逆に気流をうまくコントロールすることで、製品への異物の付着を防げます。そういう意味では、異物対策において気流のコントロールは重要になります。

材料が一番の発生源

材料中の異物に注意

マグネットフィルター

材料供給口は異物の侵入経路

先端が一番汚れる

自動洗浄 まめな清掃

人も発生源

人が増えると異物不良が増える

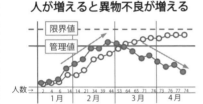

作業の仕方で伝達経路がつくられる

その他の発生源

製品保管ボックスは使っているうちに帯電し発生源となる

製品・設備と治具の擦れ、製品同士の衝突は発生源

ダミーを使いすぎると発生源になる

気流は異物を製品まで運ぶ

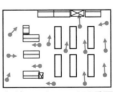

気流コントロールは重要

⑦ 異物不良の発生メカニズム

異物不良の発生メカニズム

　異物不良は、

　①発生源から

　②異物が発生し、

　③伝達経路を経て、

　④製品に付着、固着、内部に入る

ことにより発生します。この一連のプロセスを異物不良の発生メカニズムと言います。異物不良をなくすには、この異物不良の発生メカニズムを解明する必要があります。

　異物不良の発生メカニズムを解明するとは、

　①異物不良を起こしている異物の正体は何か、

　②異物の発生源はどこかの何か、

　③異物の伝達経路はどこかの何か、

を明確にすることです。

異物の正体

　異物の正体は、異物不良から異物を採取し、物性、大きさ、形、色を知ることにより明確になります。

　異物が残っていない場合には、異物が存在していた跡（大きさ、形）を推定します。

　また、異物が製品に付着している、固着している、内部に入り込んでいる、のいずれの状態にあるかも重要です。その状態によっては、発生源が推定できるからです。

　異物の正体は、発生している全不良に対して明確にし、物性、大きさ、形、色で分類します。そして、その分類に従って不良の発生率を求め、対策の優先順位を決めます。

発生メカニズム

異物不良は、
① 発生源から
② 異物が発生し、
③ その異物が伝達経路を経て、
④ 製品に付着、固着、内部に入り
発生する

異物不良をなくすには、**発生メカニズムを解明**しなくてはならない

メカニズムを解明するとは、① 異物の**正体**
② **発生源**
③ **伝達経路** を明確にすること

異物の正体

＜金属の場合＞ 物性が重要

物性：金属（鉄）
大きさ：1.0～4.0mm
形：丸（粒）
色：黒

元素分析を忘れない！

＜金属以外の場合＞ 形と色が重要

主に繊維

物性	大きさ	形	色	占有率	発生源
繊維	0.5～6mm	湾曲	白	38%	マスク
	0.5～6mm		灰色	26%	作業着
	0.5～6mm		薄茶色	9%	段ボール
	0.4～1.2mm		黄色	6%	清掃ウェス
	1.0～4.0mm		黒		
	0.4～1.5mm		赤		

＜異物は残っていない場合＞ 形が決め手

空洞

筋

⑧ 発生源と伝達経路

異物不良の発生源（4種13の発生源）

異物不良の発生源は、4種13個あります。

(1)材料から発生する異物

①鉄　②繊維　③パレットくず　④材料の残り・固まり　⑤反応生成物

(2)製品から発生する異物

⑥剥離物（欠け、粉、液）

(3)設備から発生する異物

⑦鉄粉（さび）　⑧油　⑨ベルトくず　⑩治工具の摩耗くず

(4)人から発生する異物

⑪繊維　⑫髪の毛　⑬清掃用具のくず

最近、まれに"虫"も発生源になります。虫は、無視できません。

異物の伝達経路（5つの伝達経路）

発生源から製品まで、異物を運ぶ伝達経路は5つあります。

(1)持ち込まれる

①材料に入っている異物が製品内に入り込みます。

②材料投入時に異物が入り、製品内に入り込みます。

(2)落ちる

製品上に発生源があり、その発生源から異物が落ちて製品に付着します。

(3)気流に乗る

発生源から製品に至る気流があり、その気流に乗り、発生源から製品に到達します。

(4)接触する

発生源と製品面が接触し、異物が付着します。

(5)再付着する

製品、材料から発生した異物が跳ね返り、製品に再付着します。

第4章 4S:クリーンファクトリーの実現

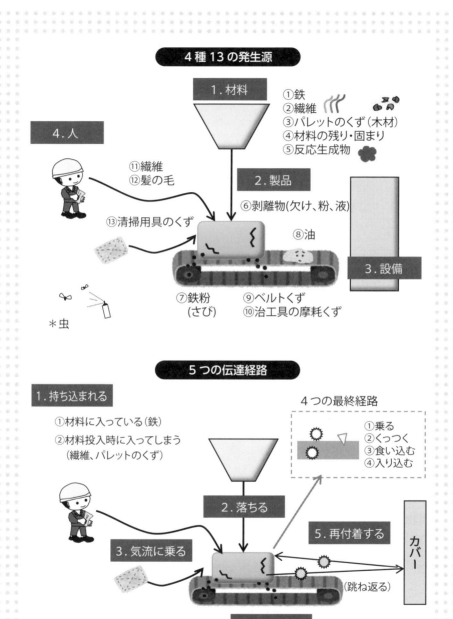

⑨ 異物のポテンシャル

異物のポテンシャル

　製品をつくる空間をプロセスと呼びます。生産を始めたばかりのプロセスには異物がなく、いわゆるクリーンプロセスという状態にあります。しかし、生産を始めると異物が発生し始め、徐々にプロセス内の異物の量が増えていきます。そして、突発の異物不良が発生し始めます。その段階でプロセス全体の清掃をしないと、異物はどんどん蓄積され、ある一定量を超えると異物不良が慢性化します。

　あるプロセス内で異物が製品に付く力（可能性）を**異物のポテンシャル**と呼びます。異物不良をなくすには、この異物のポテンシャルを最低レベルにまで下げなくてはなりません。

慢性不良の異物構成

　慢性化した異物不良は、多くの場合、複数の異物により構成されます。

　異物のポテンシャルが高く、複数の異物が存在するプロセスにおいては、異物不良の発生メカニズムを解明することが難しくなります。

　その理由は3つあります。

①長年の蓄積異物で、異物不良を発生させている異物の判別が難しい

②長年の蓄積異物で発生源が隠されて（重なり、混じって）しまう

③長年の蓄積異物で伝達経路が隠されてしまう

　異物不良対策で注意すべきことは、対策すべき異物が複数あるかもしれないということを頭に置いておくことです。にもかかわらず、異物の正体を知らずに対策したり、異物の種類を決めつけて対策したりするケースが多く見られます。これでは当然、慢性化した異物不良はなくなりません。

　慢性異物不良対策においては、事前に**複数の異物構成を知っておく必要があ**るのです。

プロセス内で異物が製品に付く力

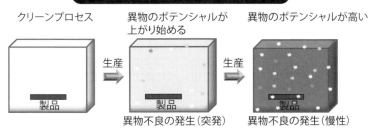

異物のポテンシャルは生産していくと徐々に高められていく

⬇

慢性不良が発生する

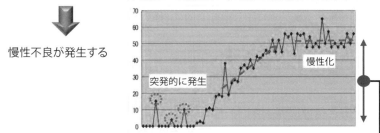

慢性不良をなくすには異物のポテンシャルを下げる必要がある

慢性不良の異物構成

慢性化した異物不良は複数の異物で構成されることが多い

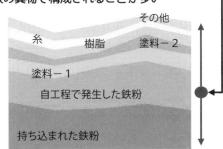

＊この構造を
ミルフィーユ
構図という

慢性不良対策をする前に複数の異物構成を知っておく必要がある

⑩ 徹底清掃でポテンシャルをゼロにする

徹底清掃で異物のポテンシャルをゼロにする

　異物のポテンシャルを引き下げる手段が、徹底清掃です。徹底清掃により、長年蓄積してきた異物を取り除き、プロセスをいったん異物ゼロの状態まで戻します。

　その後、再び生産を開始すると徐々に異物不良が出始めますが、徹底清掃によりそれまでの蓄積異物による不良の発生はなくなっています。すなわち、その時に発生してきている異物不良は、現在の生産で発生した異物によるものだけになっています。その徐々に発生してくる異物を採取し、不良から採取した異物と新たに採取した異物を照合し、発生源や伝達経路を限定します。

発生源対策と伝達経路対策

　異物の発生源と伝達経路を放置しておくと、異物はどんどん発生し、異物不良も発生します。それを防ごうと清掃をしても、発生ペースには追いつきません。

　そこで発生源と伝達経路が限定できたら、発生源対策と伝達経路対策を実施します。異物の発生を元から抑え、たとえ発生したとしても製品に至る経路を遮断することにより、異物不良になるのを防ぎます。

　通常、発生源対策は難しく、伝達経路対策は比較的やさしいので、伝達経路対策を先に実施します。

清掃改善の必要性

　発生源対策、伝達経路対策を実施した後、清掃改善を実施します。清掃改善で、効率的な清掃基準書を作成します。これにより、忙しい現場の人たちが異物のポテンシャルを最低レベルまで下げる清掃方法を、手に入れることができるようになります。

第4章 4S:クリーンファクトリーの実現

徹底清掃でポテンシャルをゼロにする

基本的な考え方

異物のポテンシャルを下げる最も有効な方法が清掃

具体的な進め方

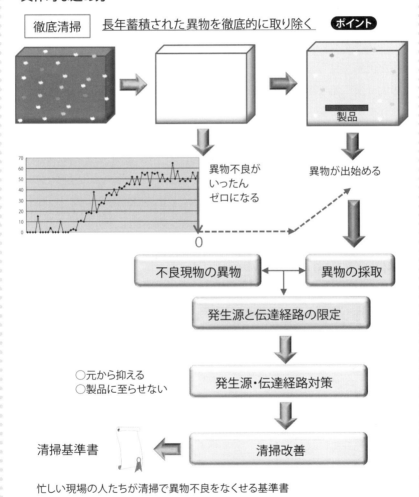

⑪ 異物不良をゼロにする

異物不良ゼロの基本的考え方

　異物不良が慢性化している工場には、

○清掃をおざなりにしている

○生産が忙しいことを言い訳に清掃をしない

○清掃基準がない、守らない

といった現象が見られます。

　このような工場で徹底清掃を提案すると、「そんなことやっている暇はない」と言われます。清掃の効果がわかっていないこと、清掃が日常の生産活動で定着していないことが原因です。

　異物不良ゼロの基本的な考えは、まずは品質、次に効率です。徹底清掃で異物不良をゼロにする。ゼロにできることを確認する。その方法を手に入れる。次に発生源対策、伝達経路対策、清掃改善により清掃時間を短縮し、日常でもできる清掃方法を手に入れる。この2段階で改善します。

異物不良をゼロにする

　異物不良ゼロは、7つの手順で進めます。

①異物分析：異物不良の現物を分析し、異物の正体を突き止める

②工程限定：異物不良を発生させている工程・設備を探し出す

③徹底清掃：発生源と限定した工程・設備の徹底清掃を実施する

　　　　　　蓄積された異物を落とし、異物を採取し分析する

④メカニズムを解明：発生源を限定してメカニズムを解明

　　　　　　　　　　清掃時間も測定する

⑤発生源対策：伝達経路対策、発生源対策を行う

⑥清掃改善：清掃改善を行って清掃時間を短縮

⑦異物管理：データ収集、異常の発見、清掃で異物を管理

なぜ異物不良が減らないか

異物不良が慢性している工場
○清掃がおざなり
○生産が忙しいと言って清掃しない
○清掃基準がない、守らない

異物ゼロの基本的な考え方
- 徹底清掃で異物不良をゼロにする（品質）
- 発生源対策、清掃改善を行い、清掃時間を短縮する（効率）

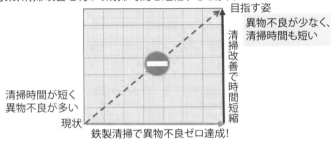

異物不良ゼロ化7つの手順

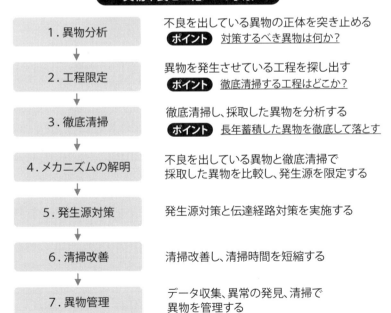

手順	説明	
1. 異物分析	不良を出している異物の正体を突き止める	ポイント：対策するべき異物は何か？
2. 工程限定	異物を発生させている工程を探し出す	ポイント：徹底清掃する工程はどこか？
3. 徹底清掃	徹底清掃し、採取した異物を分析する	ポイント：長年蓄積した異物を徹底して落とす
4. メカニズムの解明	不良を出している異物と徹底清掃で採取した異物を比較し、発生源を限定する	
5. 発生源対策	発生源対策と伝達経路対策を実施する	
6. 清掃改善	清掃改善し、清掃時間を短縮する	
7. 異物管理	データ収集、異常の発見、清掃で異物を管理する	

⑫ まずは正体を知る

現物分析

　異物の正体を突き止めるために、次の順序で現物分析を行います。

①異物不良の現物から異物を採取し、一つひとつ "物性、大きさ、形、色" を明確にする

②異物不良を分類し、名称を付ける

③不良に占める割合を把握し、対策すべき異物を選ぶ

位置分析

　異物不良の発生位置をワーク（製品）上で重ね合わせ、マッピングします。

①異物不良の位置は集中かランダムか

②発生位置から思い当たる工程・設備・作業はないか

③発生位置に当たる気流はないか、乱流はないか

④発生位置に接触する部位はないか

位置分析により、発生工程、発生源、伝達経路を推定します。

　次の手順は、工程限定になります。その進め方として、クリーンワーク流しやレファレンスの作成を行いますが、手間がかかり大変です。できれば、この位置分析で発生工程、発生源、伝達経路を推定したいところです。

積層推移グラフの作成

　現物分析により複数の異物が発見された場合、積層グラフをつくります。

　そこに、日々の生産で発生する異物不良のデータを追加していきます。そうすることにより、日々の生産で増減する個々の異物の動きがわかり、対策の対象が明確になります。

現物分析の進め方

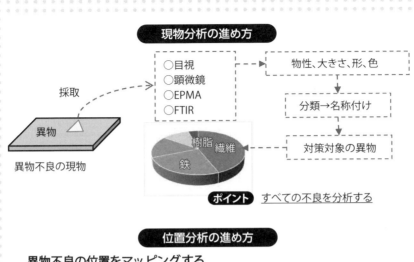

ポイント すべての不良を分析する

位置分析の進め方

異物不良の位置をマッピングする
○違う異物は、違うマーク、色で区別

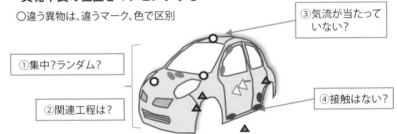

ポイント 発生工程、発生源、伝達経路を推定したい

積層グラフの作成

複数の異物が発見された場合、積層グラフをつくる

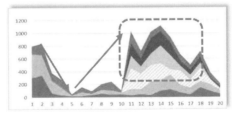

ポイント 日々のデータを追加し、どの異物不良が増えているかをつかむ

⑬ 次に出没場所を突き止める

クリーンワーク流し

　工程にクリーンなワーク（製品）を流し、異物の発生工程を限定します。

　まずは、クリーンなワークをラインに投入します。そして、1つの工程の処理が終わったらラインから抜き、異物を除去（採取）して再びクリーンなワークにします。その一連の作業を繰り返します。もし、搬送中に異物付着が疑われる時には、搬送ライン前後でも同じ作業をします。

　以上のように、クリーンワーク流しは負担が大きい作業です。異物不良の発生工程が明確になるという大きなメリットがありますが、ラインをいちいち止めなくてはならず、ワークを取り出す手間もかかるというデメリットもあります。また、異物不良の発生頻度が低いと結果が出ないこともあります。したがって、発生頻度の高い異物不良に対して実施します。

レファレンスの作成

　発生頻度が低い、異物が広い範囲に散在する場合、対象製品が通る全工程・設備の異物をサンプリングし、レファレンスを作成します。

　レファレンスのメリットは、工場全体における異物の全容を知ることができることです。デメリットは、異物不良の発生工程の限定度にあいまいさが残ることです。

気流・静電気の測定

　製品が通るパスライン付近の気流・静電気を測定します。

(1)気流の測定

　気流の流れ込みを確認し、気流による伝達経路を把握します。

(2)静電気の測定

　製品自体、パスライン、金型など製品の触れる場所の静電気量を測定し、異物付着への影響を把握します。

第4章 4S：クリーンファクトリーの実現

クリーンワーク流しの進め方

クリーンワークを流し、各工程で抜き異物を除去（採取）の繰り返し

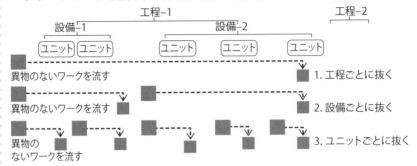

レファレンスの作成

（クリーンルームの場合）

○服、クリーンスーツ（フード、スーツ、ブーツ）
手袋（インナー）、マスク

○着替え部屋、床、棚の上、ベンチ、
天井、粘着マット、靴底洗浄マット

○エアシャワー、吹き出し口、フィルター

○床、台車、棚、治具、仕掛品置き場、
エアコン吹き出し口、フィルター、
天井（配管、配線）、マット（回収）、
掃除機の中（回収）とフィルター、
空気清浄器のフィルター

○設備のカバー上面、カバー内側、
ボックス上、扉の内側、ファン、
普段手の届かない場所

気流・静電気の測定

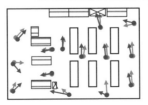

気流マップ

最低2カ所：

膝と胸当たりの高さで図る

● ＝床上75cm

● ＝床上150cm

(14) ワンチャンスをものにする 徹底準備

清掃の3要素

　徹底清掃は一大イベントです。たった1回のチャンスをものにするには、入念な準備が必要です。まず、清掃を行う工程や設備、ユニットのエリアを明確にします。次に各エリアの担当、予定時間、仕上りの目安を決めておきます。

ツールの準備

　清掃用具と異物収集用具の準備は以下の手順で進めます。

①清掃用具は、事前にきれいなものを十分な数量、準備しておく

②清掃時の養生の仕方を決め、準備する

③掃除機などのフィルターは取り替えておく。清掃後にフィルターから異物を採取し、分析する

④頑固な反応生成物を除去することができる化学物質を調べ、準備する。できるだけ取り扱い上で安全なものを選択する

⑤異物を採取するビニール袋やテープを十分な数だけ準備する

⑥異物を撮影するデジタルカメラを確保する

⑦清掃作業を撮影するデジタルビデオも用意する

⑧異物採取、異物撮影、ビデオ撮影の担当者を決める

安全の確保

　徹底清掃の実施においては、安全の確保も大事です。以下の点に留意して進めます。

①設備の立ち上げ・立ち下げ手順を作成しておく

　清掃時は、その手順に従って設備を立ち下げる

②清掃作業のKYTを事前に実施する

③保護メガネ、保護マスクなどを準備する

第4章 4S:クリーンファクトリーの実現

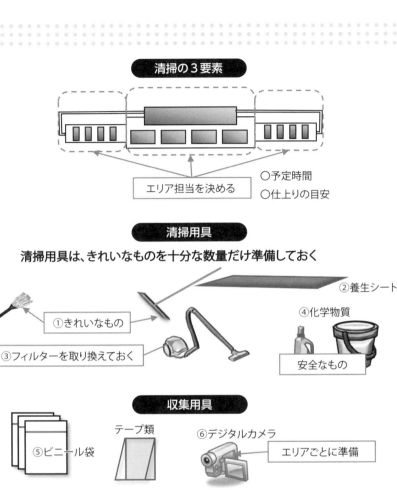

⑮ 一大イベント、徹底清掃

徹底清掃

　設備を部品レベルまで分解します。分解した備品は、養生シート上に分解した順序に並べます。外したボルトナット類も一緒に置きます。

　次に、各部品を清掃する前に、異物の状態を写真に撮ります。

　そして、異物を採取します。大量の異物があった場合、その一部をサンプリングします。続いて、異物を除去します。物理的に除去できないものは、化学的に除去します。除去した異物はビニール袋で保管します。決して捨ててはいけません。使ったウエスなども保管します。

　最後に、清掃後の状態を写真に撮ります。

清掃作業の撮影

　清掃している様子をビデオに撮ります。ビデオは工程や設備、ユニットごとに、分解、清掃、組立、調整の順序に撮っていきます。また、頑固な蓄積異物を落とす作業は、担当者の声を入れながら撮るのが有効です。

仕上げ

　予定した清掃が終わったら、純水で仕上げ清掃します。清掃時の養生や清掃後の仕上げが不十分ですと、異物が暴れるという現象が発生します。清掃したすべての場所、通路、壁をクリーンな清掃用具で仕上げていきます。清掃用具が汚れたら、すぐに洗浄して交換します。

後かたづけ

　設備内に工具や清掃用具が残っていないかを確認します。徹底清掃という一大イベントが終わった後は、気を抜きがちです。最後まで、気を抜かずにこのイベントを乗り切ります。

第4章　4S:クリーンファクトリーの実現

徹底清掃実施フロー

設備を部品レベルまで分解して清掃する

分解した順に並べる

清掃前に写真を撮る

清掃後にも写真を撮る

異物を採取する

養生シート

除去した異物

保管

除去に使用したウエス

作業の撮影

清掃作業を撮影する

分解 ➡ 清掃 ➡ 組立 ➡ 調整

仕上げ清掃

清掃後、仕上げをする

純水

○清掃したすべてのところおよび床や壁

ポイント　仕上げを怠ると、異物が暴れることがある

後片づけ

清掃後の片づけを忘れない

設備内に残っていないか？

97

⑯ 清掃の4つのアウトプット

異物のサンプル

　異物採取専門ペーパー、ビニール袋、テープ、清掃したウエス、掃除機のフィルターから採取した**全異物について数を数え**、重さを測ります。数を数えるのは手間がかかりますが、**手抜きせずに数えます**。数を数えながら、不良になるか否かの大きさで分類します。異物が全体として均等に分布している場合は一部を切り出し、それを数え、全体に換算しても OK です。

　続いて、異物を物性や形、色でさらに分類します。そして、分類した異物から代表的な異物を抜き出し、写真撮影します。少しでも違った異物があったら、複数撮影します。

2つのリストと2つのマップ

　発生源リスト、清掃改善リストを作成します。そのデータを工程、設備の鳥瞰図にマッピングし、発生源マップ、清掃改善マップを作成します。

ビデオと清掃時間

　ビデオを見て、工程、設備、ユニットごとの分解、清掃、組立、調整時間を測定します。頑固な蓄積異物を落とす時間も記録します。

効果の確認

　一番のアウトプットは、何と言っても効果です。徹底清掃前後の異物不良の推移を把握し、異物不良が激減することを確かめます。きちんと清掃すれば、異物不良は激減するということを確信できるはずです。この確信で清掃の重要性を認識し、今後の活動の弾みをつけます。

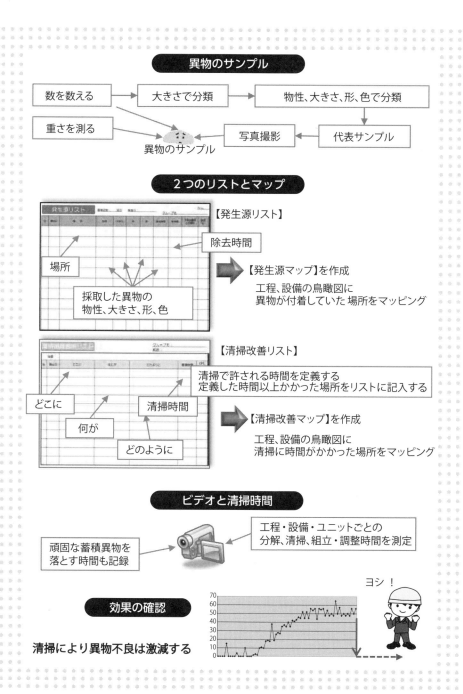

発生源マップで全容解明

　徹底清掃でクリーンになった工程、設備で生産すると、異物が発生し始めます。そのタイミングをとらえて、第2回目の清掃をします。

発生源マップで全容解明

　第2回清掃でも、1回目同様に異物を採取します。1回目と2回目を比較し、1回目のみ採取された異物と、2回とも採取された異物に分けます。1回目のみ採取された異物は、過去の生産により蓄積された異物です。2回とも採取された異物が現在、異物不良を出している異物です。

　2回とも採取された異物と、異物不良から採取した異物を比較し、発生源を限定します。伝達経路は、発生源と異物不良の位置から推定します。発生源の限定と伝達経路の推定ができたら、発生源マップを作成します。この作業をすべての異物不良に関して行います。

　発生源マップにより、異物不良の発生メカニズムが一目でわかります。発生源マップは突然、異物不良が発生した時の強力な武器となります。

発生源マトリックスの作成

　発生源と限定した工程には☆を、可能性がある工程には○を付けます。不良コストと発生源の限定度（☆か○）で、発生源対策の優先順位を決めます。

清掃時間の測定

　清掃を撮影したビデオから清掃時間を測定します。第1回徹底清掃よりも、はるかに短い時間で清掃できているはずです。異物の付着が軽微なこと、清掃に慣れてきたことが短時間清掃を可能にします。

　2回目にもかかわらず、分解・清掃・組立の長時間かかった作業が、清掃改善すべき作業となります。

第4章 4S:クリーンファクトリーの実現

発生源マップで全容解明

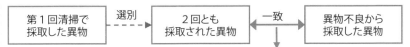

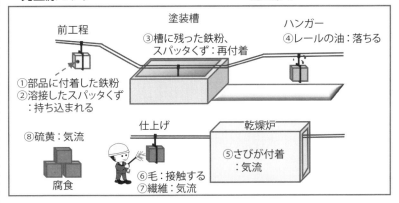

ポイント 異物不良の発生メカニズムが一目でわかる

マトリックスで優先順位決め

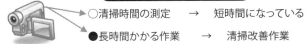

清掃時間の測定

○清掃時間の測定　→　短時間になっている
●長時間かかる作業　→　清掃改善作業

⑱ 元から断つ

伝達経路対策

⑴持ち込まれる異物に対する対策

　「除去」「不使用」「材質変更」「作業改善」「クリーンエリア設置」を適用します。

⑵落ちる異物に対する対策

　製品上にカバーを設置します。製品上の発生源を移動させます。

⑶気流に乗ってくる異物に対する対策

　気流の流れを変え、カバーでさえぎり、乱流を整流化します。

⑷接触することにより付着する異物に対する対策

　洗浄装置を設置します。洗浄装置が設置できない、能力が追い付かない場合は設備の構造を変えます。

⑸再付着する異物に対する対策

　付着板を設置するか、再付着防止網を設置します。

発生源対策

⑴材料から発生する異物対策

　磁石、フィルターの設置。パレットの材質変更。作業改善、洗浄装置の設置。清掃周期を見直します。また、取引先に異物が混入しないように要請します。

⑵製品から発生する異物対策

　衝突防止、緩衝剤の設置、設備の設計変更をします。

⑶設備から発生する異物対策

　清掃周期の見直し、給油、部品交換、寿命管理の徹底など、設備のメンテナンスの強化を図ります。

⑷人から発生する異物対策

　クリーンスーツの材質変更、クリーニング・交換周期の見直し、着用強化を徹底します。

まずは伝達経路を遮断する

伝達経路対策

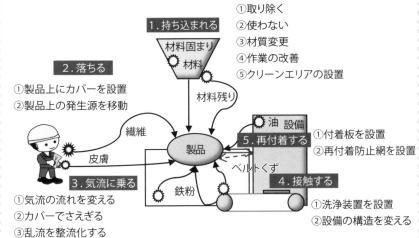

発生源対策で根本対策をする

発生源対策

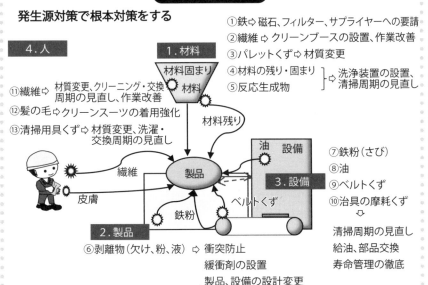

⑲ 5つの改善で楽々清掃

楽々清掃の展開

　清掃を現場に定着させるには、効果が実感でき、気軽にできる清掃基準をつくる必要があります。

(1)清掃台車の作製

　清掃に必要なすべての工具、清掃用具が載る台車を設計し、製作します。

(2)清掃分担の明確化

　品質への影響度と清掃時間から、清掃エリア、分担、人数割（時間割）を明確にします。

やり方と基準の改善

　まず、機能が高く低価格な市販品の清掃道具を用いた、道具改善から着手します。さらに、方法改善も検討します。ドライよりウエットでの清掃、予備品交換によるオフライン清掃で、頑固な異物を除去する方法が改善していくのです。あわせてカバーレス化やボルトレス化、電動工具化、集中化などの設備改善も実施します。

　こうした清掃のやり方を定着させるために、以下の基準を設けて徹底させるようにしましょう。

(1)仕上り基準

　クリーン度と清掃時間のバランスから、仕上り基準を決定します。

(2)クリーン管理基準

　クリーン部品、清掃用具の交換基準をつくります。

第4章 4S:クリーンファクトリーの実現

楽々清掃定着のポイント

清掃台車の作製
- 台車を設計する
- 台車を製作する
- 必要品リストを作成し現在使用しているモノの不要品を排除する

清掃分担
- 清掃エリア
- 人数
- 清掃分担を決める

道具改善
道具を改善する
- 効率の良い市販品

方法改善
方法を改善する
- ドライよりウエット
- 予備品交換

設備改善
① カバーレス：カバーをなくす→磁石化する→ひっかける
② ボルトレス化：なくす→少なくする　→治工具を共通化
　　　　　　　→治工具を溶接→蝶ねじ化→クランプ化
③ 電動具化：電動ドライバー化する
④ 集中化：操作スイッチなど複数箇所で操作しているものを
　　　　　1カ所で操作できるようにする

仕上り基準
品質と時間のバランスから、仕上り基準を決定する

クリーン管理基準
汚れが落ちない、劣化が目立つ、寿命に達している用具は交換する

クリーン部品の清掃・交換基準＋清掃用具の交換基準

105

異物を監視する、制御する

日々の監視、データ収集

　品質担当者は、異物不良が出たらすぐに分析し、異物マップで発生源を限定し、現場に知らせます。現場は、監督者の指示で発生源における異物の蓄積の程度を確認します。

データで監視、異常の発見

　日々の異物不良の発生データから、2つの異常を発見します。
(1)突発不良の発生
　発生を現場に知らせ、発生時の作業者へインタビューしたり、材料ロットの調査を依頼したりします。
(2)慢性不良の増加
　積層グラフによりどの異物が増えているかを把握し、特別清掃の計画を立てます。

清掃で異物を制御する

(1)ビデオ清掃基準の作成
　清掃改善実施後に再度清掃を実施し、その一連の作業をビデオ撮影し、ビデオ清掃基準を作成します。今後、その基準に従って定期清掃します。
(2)定期清掃
　通常の生産活動の中で、異物のポテンシャルを最低レベルに抑えるための定期清掃を行います。
(3)特別清掃
　慢性異物不良が増え続ける傾向をつかんだら、特別清掃をします。
　清掃の際には異物の採取も行い、新たな発生源を見つけ出します。その結果により、清掃周期の見直しや新たな清掃箇所の追加を行います。

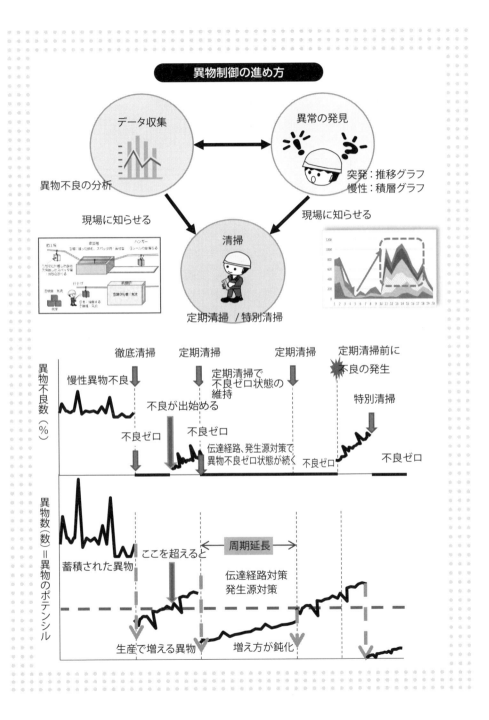

実話「壮大なプロジェクト」

一番難しいのは異物不良対策

　自動車工場の生産で最も難しいのは、塗装工程に違いない。もっとも、それは私が塗装を 25 年も務めてきたからそう思うのかもしれない。塗装工場の前には車体工場が位置する。昔はよく溶接不良を出していたが、今では AI ロボットというものが入って、ずいぶん良くなったようだ。後ろには組立工場が構える。そこの問題はキズとへこみだ。原因はポカミスで、やっかいだった。しかし、コンサルタントが入って、3 カ月で 1/5 まで下がったらしい。それで、いよいよ私の塗装工場にお鉢が回ってきた。塗装工場の問題は何より異物だ。

　自動車工場の生産で一番難しい問題は、異物だろう。入社以来、やかましく言われていろいろな手を打ってきたが、一向に良くならない。正直言ってもう手詰まりだ。だけど、塗装の素人にとやかく言われる筋合いはない。できるわけがない。もしできたら自分は 25 年間、何をやってきたんだ。できるわけがないが会社の方針だ。仕方がないから、お手並み拝見といくか。

異物の正体は何か

　「不良を出している異物は何ですか？」
　「車体工程から流れ込んだ鉄粉です」
　「それだけですか？」
　「わかりません」
　「では、まず異物不良を出している異物の正体と種類をつかみましょう」
　早くこのコンサルティングを終わらせたかった。とりあえず答えた。
　「はい」

　次の日から、異物の正体をつかむ活動を始めた。塗装した車体の上で異物不良を見つけたら、それをサンプリングして分析する。サンプルは、最低 100 と言われたので、悔しいから 1,000 にした。でもサンプリングすると、せっ

かく塗装した車体から塗装層をはがすことになる。そのままラインに流せない。独断では決められないから、部長に相談した。

「やるしかないだろ。会社の方針だから。10台までに収めろ」

えっ、と思った。正直、部長が「やめろ」と言ってくれると思った。そしたら、やめられると思っていた。でも、これでやるしかなくなった。

次の週から始めた。工程検査で異物不良が多いと判定された車体をオフラインに出し、塗装をはがす。車体がまだら仕様になった。

そのサンプルから異物を掘り出す。いろいろなものがある。異物の正体は、物性や大きさ、形、色で表すそうだ。形は私が命名しよう。

掘り出したお宝を分析室に出した。その結果が返ってきた。丸鉄粉、ギザギザ鉄粉、とんがり鉄粉、かたまり鉄粉。鉄粉だけで4種類もあった。その他に、メイン塗料、クリア塗料、シール材、繊維。そして不明。全部で8種類以上の異物が見つかった。この結果には、正直驚いた。

部長に報告する。

「こんなにあったのか。これじゃ、いくら対策してもなくならないはずだ」

全員で妙な納得をしてしまう。

でもこの驚きと納得が、やる気を少し起こさせた。

次の週、その結果をコンサルに報告した。

「おぉー。すごい。よく見つけたね。大変だったでしょ？」

ちょっとうれしい。

「はい。でも、やってよかったです」

つい、素直に答えてしまった。

「では、次に発生工程を見つけましょう」

えっ、と思った。「まだ調べるの？」と思った。とりあえず、答えた。

「はい」

クリーンボディ流し

次の日から、クリーンボディ流しというものを始めた。車体工場から流れて

くる車体を抜き出し、ついている異物を取り除き、工程に戻す。その車体を追いかけ、次の洗浄槽で洗浄済の車体を抜き、異物を取り除き、工程にまた戻す、ということを繰り返した。拭き取った異物を分析する。こう言うと簡単な作業に思えるが、これがなかなかキツイ。何しろ自動車である。デカイ、重い、形が複雑の三重苦だ。それを、100台である。今回はそのまま工程に流せるから、まだよい。ただ、この作業量たるや想像を絶する。プロジェクトメンバー総出で、各工程に待っている形で進めた。その時間も測らなくてはならない。

　結果が出た。丸鉄粉とギザギザ鉄粉は車体工場からの持ち込みで41％。シール材も持ち込みで4％。メイン塗料は、主に手作業の塗装工程で発生していて23％。クリア塗料も同様で5％。塊鉄粉は、オーブンで発生していて8％。繊維は、仕上げ工程で発生していて2％。とんがり鉄粉は塗装の各工程で発生していて3％。86％の異物の発生工程がわかった。

　何より驚いたのは、自分たちがつくったクリーンボディで異物不良が激減したことだった。従来のレベルの1/10のレベルに落ちている。これは、すべての工程でクリーンなボディをつくれば、今の異物不良が1/10まで落ちるということである。このデータは貴重だった。

　「よくやったね。じゃ、あとはいよいよ清掃だね」
　コンサルの言葉である。
　えっ、清掃。結局、清掃。今までもやってきたよ。清掃するためにこんなにいろいろやってきたのかと思ったが、次の一言で納得した。
　「今回出たデータに従って、清掃のエリアと人員を割り振ってください」
　「車体にも一緒に清掃させてください。車体に付いてる鉄粉とシール材を、全部拭き取るように依頼してください」
　参加人数を207人。3日間かけて清掃する。確かに徹底清掃だ。

長い長い3日間

　いよいよ、徹底清掃の日。全員食堂に集められ、工場長からの激励の言葉。やる気が出る。その後、コンサルが清掃の目的や注意事項を参加者全員に説明。

そのあと全員、現場へ。

いよいよ始まる。どんなことになるのか。

まずは各エリアの責任者が、各作業者に清掃エリアを割り振る。これは事前に決めておいた。清掃用具、養生シート、予備部品もすでに準備してある。完璧だ。

清掃が始まった。初めはみんなが戸惑っていた。どこからどう清掃してよいかわからない。これも事前に決めておいた。エリア責任者がその決めておいた手順と仕上げ基準を各作業者に説明する。それで、やっと作業者が動き出した。

すごい人数だ。207人の人間がラインで清掃している。壮観そのものだ。それも一生懸命やっている。なんか感動する。あっという間に昼になった。

昼食を取って清掃再開。徐々にビニール袋に入れられたゴミの山が積み上げられていく。いや、ゴミと言ってはいけない。異物である。私たちが分析する異物の山が、宝の山のごとく積み上げられていく。

15時。急に、「休憩」という声が伝わってきた。

休憩所でコンサルに会ったので言った。

「せっかくみんな乗ってきたのに、もったいないですよ。休憩なんて」

「決めていたことじゃないですか。初めての清掃は、みんな興奮して一生懸命やるんです。でも、あまりやり続けると、疲れが溜まって、集中力がなくなって、ケガをしたり、何のために清掃をしているか、わからなくなっちゃうんですよ。だから休憩です。ただ、休憩とは言っても、ただ休むんじゃなくて、ここまでの清掃の反省会をさせてください。コーヒーは、工場長が全員におごると言っていますから、コーヒーでも飲みながらのんびりと反省会をしてください」

反省会するなら、コーヒー飲みながらのんびりと、じゃないでしょ。でも、休憩の意味は理解できた。みんなに反省会やらせなきゃ。

15時半から再開。反省会でやり方が変わった。頑固に汚れた部分に、人が集まっている。薬液を持って溶かす作戦チームもいる。そうか。やりながらベストの清掃方法を見つけていくのか。3日間やれば、相当良い清掃方法が見つかるなと思った。

17時15分に一斉に清掃終了。道具を片づけて作業者は帰宅。プロジェクトメンバーは、コンサルが「おごる」と言うので飲み会に繰り出した。

　「かんぱーい」

　発声から10分後、コンサルが言った。

　「それでは、今日の清掃の感想を一人ひとり言ってください」

　メンバーの一人が反論した。

　「え～。飲み会って仕事の話をしない場じゃないんですか？」

　コンサルが言った。

　「私は、会社の飲み会は、仕事のことを本音で話し合う場だと思ってます。今日だったら、清掃について、です。仕事の話をしてもらうから、おごろうと思いました。私は、ここに仕事で来てるんです」

　全員しぶしぶ納得したようだ。本音では、納得してないが。

　まず、一人が話し始めた。

　「立って話してください」

　え～、立つのかよ。私が思っていると、その一人が言った。

　「え～、立つんですか？」

　「立って話さないと、みんな聞かないでしょ。みんな隣と話していて、あなたの貴重な話を聞かないでしょ？」

　確かにその通りである。アルコールも入っている、適度な充実感もある。場は盛り上がっていた。その場で誰が何を話しても、誰も聞かない雰囲気だった。

　ま、仕方ない。と思っていたら、その一人が立って話し始めた。

　驚いた。良いこと言う。聞いて良かった。こいつはそんなこと思っていたのか。オレと同じだ。

　話が終わった瞬間、自然に拍手が起こった。良い雰囲気だ。

　ざわついていた場が、次の一人が立つと静かになった。みんな聞く気満々だ。こいつは、何を言うんだろう、みんな期待している。

　結局、飲み会も研修の一部のようだった。

　2日目は、順調に進んだ。途中で工場長が来て、一人ひとりの作業者に声をかけている。感想を聞かれた作業者は答えた。

「楽しいです」
その答えを聞いた工場長も、うれしそうだった。

　２日目の清掃も無事に終わり、また飲み会。今回は、スムーズに反省と感想を言えた。

　３日目は、朝一番から片づけである。まだ、やりたいことがある気がするのだが、そこは区切りだそうだ。後片づけには半日かかった。やっぱり、朝イチからやってよかった。
　午後、全員にきれいなウエスが配られた、仕上げだそうだ。清掃した場所、通路、壁、棚、ありとあらゆるところをきれいなウエスで拭き上げる。ウエスが汚くなったら、すぐにすすぎ、また拭く。汚れが落ちなくなったら、交換する。その繰り返しで２時間かけて、ピッカピカにした。
　そして、終了。全員、食堂に集まり、工場長からの「ご苦労様」の言葉をもらい、全員で帰宅した。
　今日は、飲み会はないらしい。

異物が暴れる

　次の日から生産に入る。午後に異常事態が発生した。異物不良が多発しているのである。部内で緊急会議。どうするかを話し合った。しかし、理由は、昨日までやっていた徹底清掃しかない。
　「あんなことやったから…」
　つい言ってしまった。
　コンサルが来た。状況説明。慌てると思っていたが、至って冷静。「何、こいつ」と思った。
　「大丈夫です」
　何が大丈夫なんだ？
　「半日もすれば、落ち着きます」
　「何を根拠にそう言うんですか？」

「もう少し真剣にテキストを読みなさい」

コンサルはテキストを取り出し、7ページの15の項目を指した。テキストには確かに、清掃の配慮が足りないと異物が暴れる、と書いてある。しかし、本当にそうかと思った。そうは言っても、今は何の手がなく、仕方ないから待つことにした。

次の日、驚くべきデータが検査から送られてきた。異物不良が半減しているのである。思わず、「やったー」と叫んだ。

苦労してやった徹底清掃の効果が出たのである。これは、まぎれもない事実であり、今までにない満足感だった。すぐに現場に行き、作業者全員に言って回った。作業者も、「やったー」と叫んでいた。やって良かったと思った。

異物不良の発生メカニズム

日に日に異物不良が増えてくる。また、清掃か〜と思った。しかし、次の指示は、クリーンボディ流しだった。今度は5台でよいという。

やった理由がわかった。ここの数日で、異物がどの工程からどれだけ出るか、がわかったのである。以前やったクリーンボディ流しでも、異物の発生工程と異物の正体はわかった。しかし、その中には長年蓄積された異物も混じっていた。しかし今回の徹底清掃で、その長年蓄積された異物が一掃され、クリーンな工程に戻った。それで、今の生産で発生している異物が明確になったのだ。

「その結果で、異物不良の発生メカニズムマップをつくってください」

つくった。今、自分の目に前には、20年以上悩んできた異物不良の全容が明らかになっている。そうか、こうなっていたのか。長年戦ってきた異物の動きが手に取るようにわかる。

拡がる活動

車体工場の部長が、渋い顔をしている。塗装からの改善要求である。完成品の歩留りを下げていた要因の半数は、異物不良だ。その約半分の要因が、わが車体にあると言うのである。何となくは感じていた。しかし、到底受け入れがたい事実である。どうしようかと悩んでいるうちに、工場長から改善指示が来

た。

　車体でもプロジェクトを組んだ。塗装を指導しているコンサルも呼んだ。まず指示されたのが、異物の分析である。塗装へ送り出す前の車体をきれいに拭き、異物を採取した。さっそく、それを分析。3種類の異物が塗装工場に流れ込んでいることがわかった。俗にスパッタくずと呼ばれる溶接した時に火花とともに出る鉄粉。窓などの隙間を埋めるシール材。そして、協力工場から流れ込んできた鉄粉だ。

　協力工場もメンバーに入れた。

　協力工場の品質管理責任者は、突然の要求に戸惑った。塗装の異物対策に協力して欲しいというのである。塗装に対し自分たちは何か悪いことでもしたのだろうか。しかし、その疑問は、車体工場で行われたプロジェクトミーティングで明らかになった。自分たちがつくっている部品に鉄粉がついていたのである。

　これはマズイと思い、社内でもプロジェクトチームを立ち上げた。

　協力会社と一体になった異物ゼロ活動は、車体のプライドをかけてスピーディーかつ徹底的に行われた。活動の柱は、まず協力工場からのクリーンパーツの納入。次に、車体工程におけるスパッタレス活動。そして、塗装に送り込む前のクリーンボディつくりだ。これらの活動は、3カ月で効果を出し、車体から塗装に送り込む異物の量は1/7まで減った。

壮大なプロジェクト

　車体で一生懸命やっているのに、塗装がさぼるわけにはいかない。異物不良の半分は、自分たちの責任ということもはっきりしてしまったのだ。

　まずは、洗浄槽、電着層の鉄粉除去用のマグネットの交換周期を今までの1週間に1回から、毎直に変更した。そうすると、交換にも手間がかかるためワンタッチ化した。各層の下部にマグネットを付け、上澄み液を外に流す仕掛けもつくった。

搬送コンベアから鉄粉と油が落ちていたので、受けのトレイを付け、自動給油装置と自動洗浄装置を付けた。

　オーブンからはさびが発生していたので、オーバーホールした。

　手作業工程の異物の原因は、人から発生する繊維だった。クリーンスーツの寿命管理を行い、気流の制御をきちんと行った。

　こうして23の対策を打った。その対策はすべて的中し、対策を打つたびに異物不良は減っていった。ものすごい達成感を覚えたものである。

　活動開始から半年、異物不良は1/5に減った。

「奇跡だ」

　工場長の言葉である。私たちも同感である。しかし、それだけのことはやったという気持ちはある。

　活動に参加した人員625人。総活動時間7,720時間。使った費用、5,652万円。異物不良ゼロ活動は、壮大なプロジェクトである。

　今、私たちの工場をモデルに他の4工場の活動を始めている。

第 5 章

5S：人生産性の向上
とポカミスゼロ

① 今、標準が守られていない という実態

作業標準とは

　作業標準とは、作業の条件や作業方法、管理方法、使用材料、使用設備、その他注意事項などに関する基準を規定したもの(JIS)です。作業標準の目的は、安全の確保や品質の安定、生産性の維持です。現場の基本であるはずの作業標準が今、日本の現場で守られていないという実態が明らかになってきました。

標準の実態

　102工場で標準の遵守度を調査しました。その結果、遵守している工場がわずか5%（5工場）と判明しました。このほか、標準はあるが守られていない工場が最も多く88%（90工場）で、標準がないという工場がなんと7%（7工場）もありました。

なぜ標準が守られていないのか

　なぜ標準を守らないのかについて、現場の作業者に聞いてみました。

○標準が実態に即していない（実作業と違う）　　　　　　　　　　9件
○作業がやりにくい（守ると作業時間がなくなってしまう）　　　57件
○守る意味がわからない、守らなくても指摘されたことがない　　68件

　　　　　　　　　　　　　　　　　　　　　　　　　　　計：134件

　つまり、標準が守られないのは、作業者に問題があったのではなく、標準に問題があったからなのです。

　標準は、新製品とともに現れます。まず、設計のエンジニアがつくりますが、作業のやりやすさという観点からの配慮がされないまま現場に引き渡されます。そうすると、現場はその標準が守りにくいので、一人ひとりの判断でやりやすい作業に変えていきます。そして、今の作業は一人ひとりが異なる、現標準とも違った作業となってしまうのです。

作業標準の遵守傾向

作業標準とは、作業の条件、作業方法、管理方法、使用材料、使用設備、その他注意事項などに関する基準を規定したもの（JIS）

目的：安全の確保、品質の安定、生産性の維持

今、その標準が日本の現場で守られていない

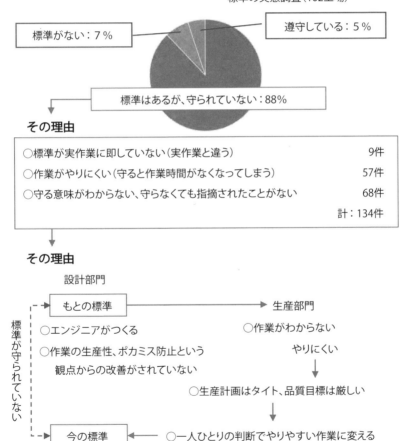

標準を改善し、人を育てる

作業の統一から着手
　現標準を誰がやってもバラツキが少なく、ポカミスが出ない標準に改善し、それを守ることが習慣付けされた人を育てるのが、活動の狙いです。
　初めに行うのが作業の統一です。標準作業者を決め、その作業をビデオに撮り、仮作業手順とします。そのビデオ標準を作業者全員で見せ、自分たちの作業との違いを認識してもらいます。そして作業を統一する意味を理解し、全員で守ることを決め、現状でのベストの標準を全員で守るのです。

その後の標準改訂の流れ
　続いて、作業のバラツキが生じる調整作業や判断作業など、やりにくい作業を改善します。さらに、ポカミス対策により作業環境を整え、人が守れる、守るべき標準をつくります。そして、ここまでの改善結果を反映したビデオ標準を、自分たちで制作するのです。

教育・訓練の進め方
　このようにして整備したしくみを、今度は運用する番です。ビデオ標準による教育、訓練キットによるオフライン訓練、スマートグラスによる実践訓練により、標準を守る習慣付けを進めていきます。従来までのおざなりな教育を、これからの時代に適した新たな教育・訓練のしくみに変えます。

第5章 5S:人生産性の向上とポカミスゼロ

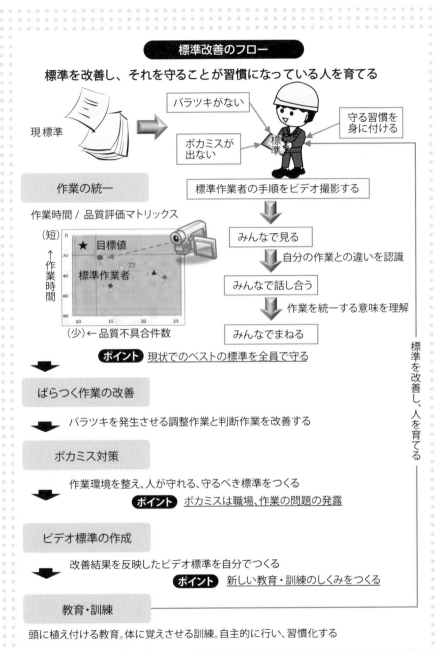

③ 短時間で大きな効果を生む
作業の統一

標準作業者の決定

　全作業者の作業時間と、過去１年間で出した不良数（ポカミス件数）を調べ、作業時間／品質評価マトリックスを作成します。そのマトリックスから、作業時間が短く、不良数の少ない作業者を標準作業者とします。

仮作業手順の作成

　続いて標準作業者の作業をビデオに撮り、作業の手順や作業ポイントをテロップに入れ、仮作業手順書とします。標準作業者の作業時間が標準時間（ST：Standard Time）となります。

みんなで見る・守る

　全員に標準作業者のビデオを見せます。その目的は以下のとおりです。
①自分の作業との違いを理解し、その理由を納得する
②わかりにくい表現をわかりやすくする
③定性的な指示を定量的に変える
　さらに、標準を守ることを宣言し、みんなで守ります。作業でやりにくいところや、扱いづらいモノや設備があったら、みんなで改善します。

みんなで効果を実感する

　ある一定期間が過ぎたら、全員の作業時間（AT：Actual Time）と不良数（ポカミス件数）を調べ、統一後の効果を作業時間／品質評価マトリックスで把握します。ある現場では、この作業の統一だけで、作業時間が36％削減でき、バラツキが5％未満に収まり、ポカミスが1/5になりました。
　効果を実感することで、作業者は標準を守る意味を理解するのです。

第5章 5S:人生産性の向上とポカミスゼロ

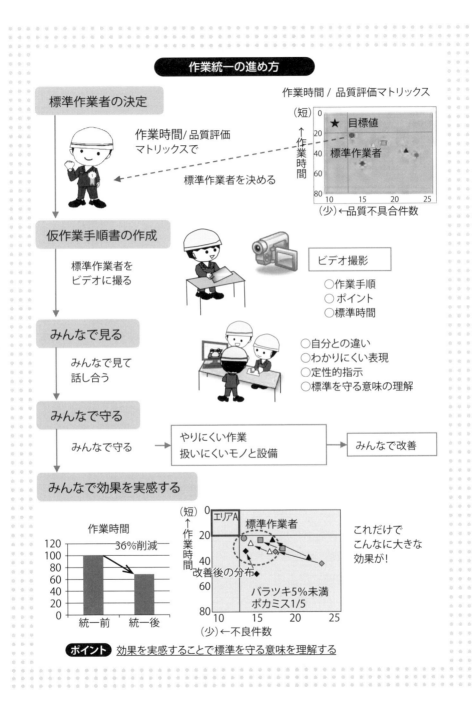

④ ばらつく作業を改善する

調整の調節化

　調整とは、感覚で行われるアナログ的作業です。当然そこにはバラツキが生じ、品質と作業時間にも影響を及ぼします。

　その調整作業を調節化し、バラツキを減らします。調節とは、誰がやっても同じ結果になるデジタル的作業です。

　①抜き出す：作業手順から調整作業だけを抜き出す

　②排除：目的が不明確、有効性が低い調整作業を排除する

　③調節化：5つのパターンで改善する

　　◇ストッパー化：ストッパーを設け、位置決め作業をやめる

　　◇ゲージ化：ブロックゲージを使い、汎用測定器を使うのをやめる

　　◇マーク化：治具・設備に目盛りを刻み、汎用測定器を使うのをやめる

　　◇数値化：アナログ機器をデジタル測定器に替える

　　◇一体化：調整が必要なユニットを一体化する

　④マニュアル化：残った調整作業をマニュアル化し、追い込みポイントを明確にし、全員ができるまで訓練する

判断基準の明確化

　判断作業とは、製品や作業の良否を決める作業です。検査は、この判断作業が主作業になります。ここでは検査作業を対象に解説します。

　判断作業において、一定時間で良否が判定できない領域をグレーゾーンと呼びます。判断基準の明確化は、このグレーゾーンを狭めていく活動になります。

　①判断作業の標準時間を決める

　②標準時間を越えても判断できないグレー品をオフラインに出す

　③グレー品を関係者で再判断し、新たな限度見本をつくる

　④新たな限度見本を新たな判断基準とし、全作業者に教育する

調整の調節化

作業手順から調整作業だけを抜き出す

☆調整作業は、改善できるもの（60%）と残る作業（40%）がある

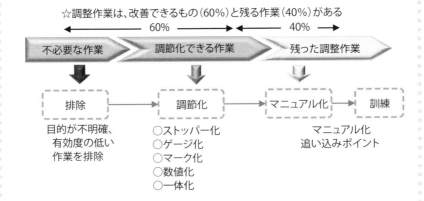

判断基準の明確化

判断作業において、一定時間で判断できない領域をグレーゾーンと呼ぶ

グレーゾーンの存在が判断時間を延ばし、判断ミスを引き起こす

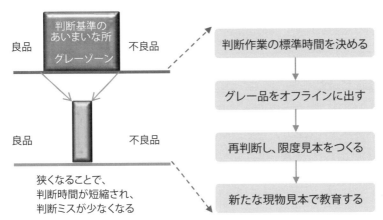

⑤ ポカミス対策は究極の改善

ポカミスとは、人の不注意によって製品に不良を発生させる行為です。
ポカミスがなくならずに困っている職場がたくさんあります。

なぜ、ポカミスはなくならないのでしょうか

ポカミスがなくならない理由は、以下の7つがあります。

①発生頻度が低く、突発的に起こるので対策しづらい

②一度出るとしばらく出なくなり、しばらく出ないとまた出るといったモグラたたき状態に陥っている

③ポカミスのロス、ムダの大きさを認識せず、たかがポカミスという意識があり、大きな対策を打ちにくい

④警告、教育・訓練、チェックシート、ダブルチェック、ポカヨケなどの決まりきった対策に終始している

⑤いくら対策してもなくならないので、「ポカミスは人がするものだから仕方がない」とあきらめている

⑥結局、ポカミスの要因がわかっていない

⑦要因がわかったとしても結局、対策がわかっていない

ポカミス対策は、究極の改善

ポカミスを故意に出している作業者はいません。何らかの理由で出してしまっているのです。ポカミスとは、作業者がその作業ができない、やりにくいと訴えているサインであり、作業、職場、管理の問題点の発露です。つまり、ポカミス対策とは、作業者のやりやすい作業、働きやすい職場、求める管理をつくり出すことです。そうとらえると、ポカミス対策が究極の改善である、という言葉の意味が理解できると思います。

ポカミス対策では活動の締めとして、今まで見落としていた作業や標準、職場、管理の問題点を解決していきます。

なぜ、ポカミスがなくならないのか?

①頻度が低い
　突発的に出る ┃ 対策がしにくい

②一度出るとしばらく出ない
　しばらく出ないとまた出る

③ロス、ムダの大きさを
　認識していない

モグラたたき状態?!

大きな対策が
打ちにくい

たかがポカミス

⑤いくら対策してもなくならない

④決まりきった対策
　に終始
　○警告
　○教育・訓練
　○チェックシート
　○ダブルチェック
　○ポカヨケ

ポカミスは人がする
ものだから
仕方がない・・・

結局…

⑥ポカミスの要因がわからない

⑦対策がわからない

ポカミス対策は、究極の改善

ポカミスを故意に出している作業者はいない!
↓
ポカミスは作業者からのサイン!!　　○作業ができない
　　　　　　　　　　　　　　　　　　○作業がやりにくい
↓
　　○やりやすい作業
　　　　　　　○働きやすい職場　をつくり出すこと
　　　　　　　○求める管理
↓
究極の改善!!!

⑥ ポカミスの要因、初級者向け10項目 (26のポカミス要因①)

認識がない

　ポカミスを出している認識が本人にない。ポカミスを出しても上司に言わないで、自分で直してしまう。これらを含めたポカミスに関するデータを取っておらず、会社に与える損害を認識していない。以上の３つの理由で、ポカミス対策をしておらず、ポカミスが潜在化してしまっています。

標準がない

　一品生産、非定常作業、トラブル対応などの理由で、作業標準をつくっていない現場をよく見ます。標準がないわけですから当然、どうしてポカミスが発生したかわかりません。その結果、ポカミスは慢性化しますが、一品生産だから、非定常作業だから、トラブル対応だから仕方がないという言い訳で放置されたままになります。

標準の不備

　あらゆるポカミスの主因です。標準の不備には、守る意味が書いていない、表現があいまい、指示がわかりにくい、やってはいけない NG 作業が明確になっていない、必要な作業が入っていない、の５つ要因から構成されています。
　ポカミス対策は、まず標準整備から始めるのが定石です。

教育・訓練、適性不足

　作業は人がするわけですから、**教育・訓練の大切さは誰もが理解**しているはずです。しかし、この大切であるはずの教育・訓練が今、おざなりにされています。その結果、ポカミスが発生します。
　また、いくら訓練してもできないことはできません。個人の持つ適性に合っていない作業をさせるとポカミスが発生します。

第5章　5S:人生産性の向上とポカミスゼロ

ポカミス要因 初級編

認識がない
- ○ポカミスを出しているという認識が本人にない
- ○ポカミスを出しても自分で修復してしまう
- ○データを取っていない、損害を把握していない

⇒ ポカミス**が潜在化**

標準がない
- ○一品もの生産
- ○非定常作業
- ○トラブル対応

という**言い訳**でつくらない

⇒ ポカミス**を放置**

どうしてポカミスが発生したかわからない

３．標準の不備
- ①守る意味が書いていない
- ②あいまい
- ③わかりにくい
- ④NG作業が明確でない
- ⑤必要な作業が入っていない

⇒ **あらゆるポカミスの主因**

ポイント ポカミス対策は、
　　　　　まず標準整備から

4．教育・訓練、適性不足
- ①教育不足
- ②訓練不足
- ③適性不足

⇒ **今、おざなりになっている**

↓

ポカミス

129

⑦ 中上級者向け16項目 (26のポカミス要因②)

無理な作業

　無理な作業とは、一つは人の能力を超えた作業です。このような作業は、視野の範囲外での作業や死角での作業、3ケタ以上の英数字を覚えてしなくてはならない作業、一人照合作業、判断作業、調整作業、高度な技能を要する作業、高精度作業、早すぎる作業の8つがあります。

　そして、もう一つは扱いにくいモノ、設備、治工具に対する作業です。

　これらの**無理な作業**は短時間であればどうにかなりますが、**長時間あるいは長期間**やらせていると、いつかはポカミスを発生させます。

慣れ

　慣れは、高い品質と生産性を生みますが、同時に**うっかりや手抜きというポカミスの要因**も生み出します。

　うっかりは、発生現象により、飛ばし、取り違い、思い込みとも呼ばれますが、**集中力切れが主因です**。集中力切れは限界、手待ちと中断、外乱によって起きます。限界とは、そもそも人が持っている集中力の限界を意味します。その限界は、時間がない、体調不良、環境不良によって早められます。うっかりの原因にはその他に、環境不備と準備・片づけ不足があります。

　手抜きは標準の不備、人の性、モラルが低い、が重なると行われます。

その他の3大要因

　人は、面倒なこと・やりにくいことは、簡単にしようとする性（さが）を持っています。この**人の性が、手抜きを正当化**します。

　モラルが低いと、標準を守りません。その結果、ポカミスが慢性化し、どんな手を打っても効果が出ないという**八方塞がりの状態**を起こします。

　コミュニケーションの悪さは、職場全体の**チームエラー**を起こします。

第5章　5S:人生産性の向上とポカミスゼロ

ポカミス要因 中級編

無理な作業

① 人の能力を超えた作業

- ○ 視野の範囲外、死角での作業
- ○ 3ケタ以上の英数字を記憶する作業
- ○ 一人照合作業
- ○ 判断作業
- ○ 調整作業
- ○ 高度な技能を要する作業
- ○ 高精度作業
- ○ 早すぎる作業

② モノ、設備、治工具が扱いにくい

⇨ 短時間なら

どうにかなるが

⬇

長時間、長期間

やらせていると

ポカミスが発生

慣れ ⇨ ポカミス

① うっかり
- ○ 飛ばし
- ○ 取り違い
- ○ 思い込み

② 手抜き

人の性

人は、面倒なこと・
やりにくいことは、
簡単にしようとする

7．集中力切れ

① 限界
⑤ 手待ち、中断
⑥ 外乱

8．環境不備

① 狭い
② 雑然としている

9．準備・片づけ不足

② 時間がない
- ○ 忙しい
- ○ 急いでいる

③ 体調不良
- ○ 眠い
- ○ 疲れ
- ○ イライラ

④ 環境不良
- ○ 暑い
- ○ 暗い、明るすぎ
- ○ うるさい

モラルが低い → 標準を守らない ⟶ **ポカミスの慢性化**

コミュニケーションが悪い ⟶ 職場全体でチームエラーが発生

131

⑧ 思っている以上に大きい ポカミスの損害

　今まで本格的にポカミス対策をしていなかった工場において、全員でポカミス対策を始めました。

ポカミスが増える

　スタート直後、驚くことが起こりました。今まで把握していたポカミス件数が一気に増えたのです。

　なぜでしょうか。

　その理由は、以下の3つでした。

　①認識：今まで本人にポカミスを出している認識がなかった

　②修理：ポカミスが発生するとその場で修復していた

　③抜け：ポカミスとしてきちんとしたデータを取っていなかった

ポカミス対策を始める前に、以下の3つの準備をする必要があります。

　①認識：作業者に自分がポカミスを出していたという事実を知らせる

　②自己申請：ポカミスを出した時、修理せず自己申請をしてもらう

　③データ収集：正確にデータを取り、損金を計算する

意外と大きいポカミスの損害

　ある一定の期間で、ポカミスの損金を計算してみました。そこで次の驚きに見舞われました。ポカミスによる損害が、思っていた以上に大きかったのです。

　それまでのポカミスの損害は、明らかにポカミスで不良になった製品の廃棄金額、お客さまからクレームが来た時にかかった費用でした。しかし、それに、ポカミスを出した作業でかかった工数と修理工数を加えると、なんと従来の不良ロスの半分を占めることがわかったのです。ポカミスによる損害は、実は思っている以上に大きいのです。

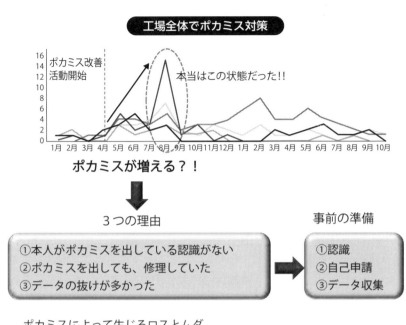
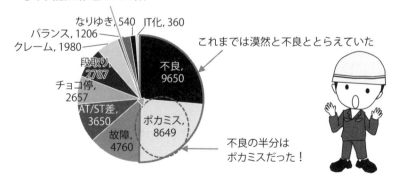

⑨ まずはSimple/Speed対策

初ポカミスはNG/OKシートで対策

　新人のポカミスの80%は、「知らなかった」が原因です。したがって、まずポカミスを出した本人にポカミスを出した動作を認識させます。そのためにNG/OKシートを使います。ほとんどの作業標準には「やるべきこと」が書かれていますが、「やってはいけないこと」は書いてありません。「やってはいけないこと」をNG動作として教え、その後、「やるべきこと」をOK動作で教えます。人は、「やってはいけない」と言われたことは通常、やりません。

再発ポカミスは動作規制で対策

　NG/OKシートを使った教育をしても、同じモードのポカミスが再発した時は動作規制をします。ポカミスは動作で起きます。その動作の後に、いったん確認動作を入れます。そして、動作改善を行います。動作改善とは、位置決め動作でポカミスが起きていれば、ストッパーやガイドを付けるといったようなハード対策です。動作改善をしたら、初めに入れた確認動作を抜きます。以上の3つのプロセスを動作規制と言います。

ここまできたら中上級者

　それでも発生したポカミスに対しては、要因対策を実施します。ポカミスの要因26項目を現場で見つけ、すべて対策します。

実施効果

　本アプローチをSimple/Speed対策と呼んでいます。自動車組立工場では、1カ月で慢性化していた膨大な数のポカミスがゼロになってしまいました。活動初期で大きな効果を上げると、作業者はやる気になります。まずは、NG/OKシートと動作規制でポカミスを激減させてください。

第5章　5S:人生産性の向上とポカミスゼロ

ポカミス撲滅への道

初ポカミス

NG/OKシート　　作成と教育

ポイント　新人のポカミスは80%が
「知らなかった」が原因

再発ポカミス

動作規制

1. ポカミス動作後に確認動作を入れる
2. 動作改善する
   ○ モノの置き方を決めて、探さなくてもよくする
   ○ ガイド、ストッパーを使い、位置決め動作をなくす
   ○ モノの配列を使う順序にし、選ばなくてもよくする
   ○ 部品箱を形や色で区分し、見つけ出しやすくする
   ○ 材料、道具を一目で見える範囲に置く
3. 確認動作を抜く

ポイント　ポカミスは動作で起きる

再々発ポカミス

26の要因対策

ポカミスの26の要因を
現場で洗い出し、
すべて対策する

対策

あったら対策

26項目

実施効果

1カ月でポカミスがゼロ!

296　NG/OKシート

動作確認
シート

ポカミス対策
シート

58　　　6　　　0

特に多いのが、
　①作業が統一されていない
　　：標準の不備、教育・訓練不足
　②作業がやりにくい
　③調整作業
　④判断作業

ポイント　ここまできたら中上級者!

135

⑩ うっかり対策、手抜き対策

ベテランが多い工場におけるポカミスの要因は、うっかりと手抜きです。

5つのうっかり対策

うっかり対策は、集中力を維持するための対策がメインとなります。

①個々の職場の環境、作業によって**個別に休憩のタイミングと時間を決める**。特に、集中力を必要とする作業には、短いサイクルで短い時間の休憩を入れる。これが集中力の維持を助け、ポカミスを防ぐ

②手待ちや中断をなくし、連続作業する

③集中力を要する作業をしている時には、声をかけるのを禁止する

④暑い、暗い、明るすぎる、うるさいといった職場環境を改善する

⑤その他に、整理・整頓、段取り改善を進める

手抜きのメカニズム

最近の職場は、コストダウンの方針に沿ってどんどん人が抜かれてきています。当然、人が足りなくなり、職場は慢性的に忙しい状態になり、作業者の意識は徐々に荒れてきます。

人は、面倒なこと、やりにくいことは簡単にしようとします。やってもやらなくても結果が同じ時には、それをしなくなります。人の性（さが）というものです。

慢性的に忙しい職場、気持ちが荒れた作業者、改善される見込みがない環境に人の性が重なると、作業者は標準を守らなくなります。標準通り作業をすると、時間に間に合わなくなるからです。そして、標準通りにやらなくても問題が出なくなるとそれに慣れ、手抜きが当然になります。

手抜きの主因は標準の不備です。ポカミスなしで生産性の高い標準をつくり、標準を守ると自分の作業も楽になると作業者に知ってもらうことが大事です。

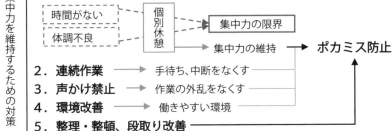

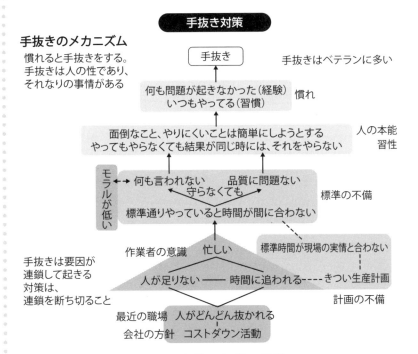

⑪ おざなりな教育・訓練

おざなりな教育

　どんなに完璧な作業標準をつくっても、作業者が守ってくれなくては何の役にも立ちません。最近、この最も重要であるはずの教育・訓練がおざなりになっています。

　バブルの崩壊、リーマンショックによる20年にもわたる不況とデフレは、正社員不足、熟練工不足、そして外部人材流入と日本のモノづくり現場を大きく変えました。

　そして、景気の回復と生産増。会社は新たな課題を現場に課しました。人材育成です。人材を育成するには当然、教育・訓練が必要です。しかし、人が減り、技能者が減り、監督者が減り、超多忙な現場において教育・訓練にかけるマンパワーはありません。作業標準（教育マニュアル）も満足なものは整っていません。そういった環境における教育・訓練の実態は、教える人によって教え方が違う、教育マニュアルがない、人が激しく入れ替わり教えてもすぐに辞めてしまう、といったものであり、結局は忙しさに追われ、おざなりな教育・訓練になっています。

　その結果、新人はポカミスを多発し、作業の習熟まで時間がかかり、その分生産が遅れ、監督者がそれを挽回するために走り回る。そして、その問題を解決するために、再び教育・訓練を行うという悪循環を生み出し、現場に大きなロス（教育・訓練ロスと言います）を生み出しました。

これからの教育・訓練

　その問題を解決するのが、ビデオ標準です。これからは、ビデオ標準による教育、訓練キットによるオフライン訓練、スマートグラスによる実践訓練の3本立てで、標準を守るのが習慣になる作業者を育てます。

　このしくみは、多能工化や技能伝承の推進にも力を発揮します。

第5章 5S:人生産性の向上とポカミスゼロ

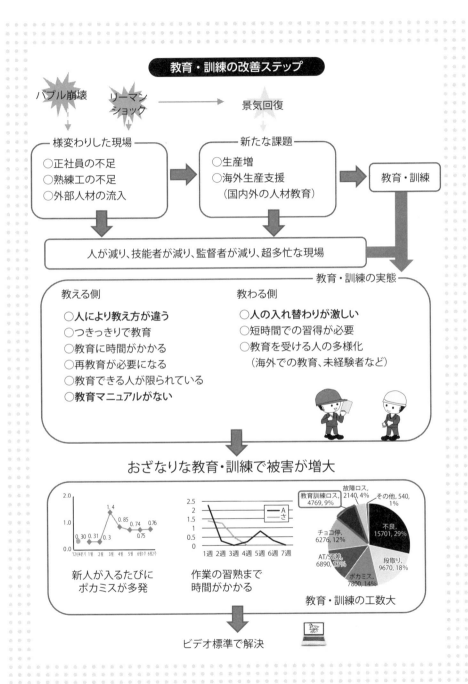

⑫ メリットいっぱいのビデオ標準

ビデオ標準とは

　ビデオ標準とは、ビデオ（動画）を使い、作業イメージを頭に植え付ける教育・訓練ツールです。

　人は、左脳で文字データを理解し、右脳で画像データをイメージします。従来の作業標準は文章で書かれており、読むことによって左脳で理解し、右脳でイメージして作業をしていました。しかし、この方法では、文章を意図通りに理解することができず、その結果として、実際の作業をイメージすることができませんでした。そこで、そこに写真を入れてみましたが、結果は変わりませんでした。写真という静止画で連続動作である作業をイメージするのが難しかったことと、結局、文字を読まないといけなかったことが原因でした。

　ビデオ標準は、まず作業のイメージを作業者の右脳にそのまま植え付けます。画像にテロップと音声で入れることにより、左脳に作業内容を記憶させます。また、教育者がつきっきりにならなくてもよいというメリットもあります。ビデオ標準による教育・訓練により、教育・訓練の効率化や品質の早期安定、コストダウンが図れます。

ビデオ標準の構成

　人が集中し、記憶できる時間は、せいぜい１分から３分です。ビデオ標準もその長さで作成します。ただ、実際の作業はその範囲で収まらないものもあります。その場合には、入れ子構造にします。

　ビデオ標準は、全体の作業の流れを示すメイン標準と個々の作業・動作を具体的に示すピンポイント標準に分かれます。まず、メイン標準で全体の作業の流れを理解し、次にピンポイント標準で一つひとつの具体的な作業・動作を頭の中に入れていくのです。

⑬ 自分のビデオは自分でつくる

自分のビデオは自分でつくる

　売上100億円、作業者200人クラスの工場における標準の数は、約200～300あります。その作成を外注に依頼すると、1本当たり10万円。この工場で、ビデオ標準の作成をすべて外注に依頼すると、2～3億円かかってしまうことになります。これではもう、現場改善の投資レベルを超えています。

　また、外注化するとよく出てくる問題が、「私つくる人、あなた使う人」の問題です。作業を知らない外注が作成したビデオが現場のニーズと合っておらず、全く使えないビデオ標準になるということが多々あります。

　さらに、現場の作業標準は新製品が出るたびに新しいものが発行され、現場改善するたびに改訂されます。その割合はだいたい2～3割です。つまり、一度ビデオ標準を揃えたとしても、毎年2～3割の標準は新たにつくらなくてはならないということです。

　ビデオ標準をつくる際、最初の4、5本は専門家に任せるのは良いことです。完成されたビデオ標準を見ることにより、イメージがつかめ、効果測定もできるからです。しかし、最終的にはビデオ標準作成の教育を受け、自主制作することをお勧めします。

ビデオ標準作成5つの手順

　ビデオ標準は、5つの手順で作成します。
　①対象作業の決定：狙いと教育対象者から対象作業を選ぶ
　②絵コンテの作成：映像の流れを明確にする絵コンテを作成
　③作業の撮影：5つのポイントに従い作業を撮影
　④編集作業：撮影したビデオを絵コンテに沿って編集する
　⑤出来上がりの確認：ビデオの出来を10項目に従いチェックする

第5章　5S:人生産性の向上とポカミスゼロ

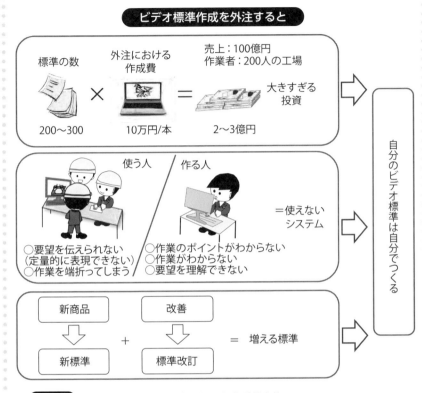

ステップ		概　要
1	対象作業の決定	狙いと教育対象者からビデオ標準の対象作業を選ぶ
2	絵コンテの作成	映像の流れを明確にするために絵コンテを作成する
3	作業の撮影	5つのポイントに従い、標準作業者の作業を撮影する
4	編集作業	撮影したビデオを絵コンテに沿って編集する
5	出来上がりの確認	出来上がりを10のチェックポイントにより確認する

⑭ 絵コンテがキモ

ビデオ標準の種類

ビデオ標準は、教育対象と狙いにより4種類に分けられます。

○新人教育、多能工化用ビデオ標準

最も基本的なビデオ標準です。作業全体の流れと手順を示し、安全上の留意点やポカミス発生動作を教えます。

○災害多発時における安全教育

災害発生作業、危険作業を抜き出し、災害発生時の被害やそれを防ぐ心構えと行動、災害発生時の避難行動を教えます。

○ポカミス防止

ポカミスを発生させたNG動作を示し、それを出さないためのOK動作を教えます。

○技能伝承

技能（ポイント、コツ）が必要な作業を抜き出し、なぜそのような作業をするのか、なぜそのような判断をしたかなどを解説します。

絵コンテの作成

絵コンテとは、画面を構成する各カットをイラストや文章で示し、映像の流れ明確にしたものです。絵コンテには、作業目的、標準時間、教育対象者、完成図、治工具、作業内容、注意点、異常時の処置、グレー品の扱い、安全上のポイントなどが入ります。

良いビデオ標準ができるかどうかは、絵コンテがきちんと書けるかで決まります。

すべてのビデオ標準で、作業の目的は特に重要です。「その作業は何のためにやるのか」「やらないとどうなるのか」ということを教えます。新人教育の場合には、基本的な用語や使用する治工具の名称と機能、作業名などにも解説を加えます。

ビデオの種類

ビデオ標準は、教育対象と狙いによって4種類に分けられる

	作業	安全	ポカミス	技能
新人教育、多能工化	◎	○	○	ー
災害多発時	ー	◎	ー	ー
ポカミス防止	◎	○	○	ー
技能伝承	ー	○	○	◎

絵コンテの作成

良いビデオ標準ができるどうかは絵コンテにかかっている

ポイント 作業目的が特に重要

「その作業を何のためにやるのか」
「やらないとどうなるのか」

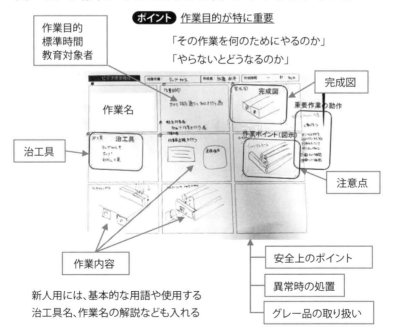

新人用には、基本的な用語や使用する
治工具名、作業名の解説なども入れる

⑮ 意外と難しいビデオ撮影

　作業時間／品質評価マトリックスで選ばれた標準作業者を撮影します。撮影のポイントは5つです。

⑴撮影方向

　3つの方向から撮影します。

　○作業者の目線から（A）

　○作業者を見ている角度から（B）

　○作業者の動きを追いながら（C）

⑵撮影距離

　できる限り標準作業者の近くで撮影します。

　○広範囲に撮影すると、重要なところが見えない場合がある

　○確認項目、確認作業はズームを使う

　○手順は手元を撮影する

　撮影時に集中しすぎて不安全行動とならないよう注意する。

⑶撮影時間

　1作業1～3分が目安です。長時間作業の場合には、メイン標準とピンポイント標準に分け、撮影します。まずは、全体を俯瞰する形で作業全体の流れがわかるメイン標準を撮影し、次に作業者目線から手元の詳細な動きがわかるピンポイント標準を撮影します。

⑷撮影範囲

　大きな設備の段取りや広範囲を動く作業の場合、各作業場所ごとに撮影します。

　○編集時に各作業場所を示す図を入れ込む

　○移動は、編集時に早送りやカットをする必要もある

⑸録画モード

　あまり高精細の録画モードで撮影すると、データが重くなり編集時に苦労します。HEモードぐらいが適当です。

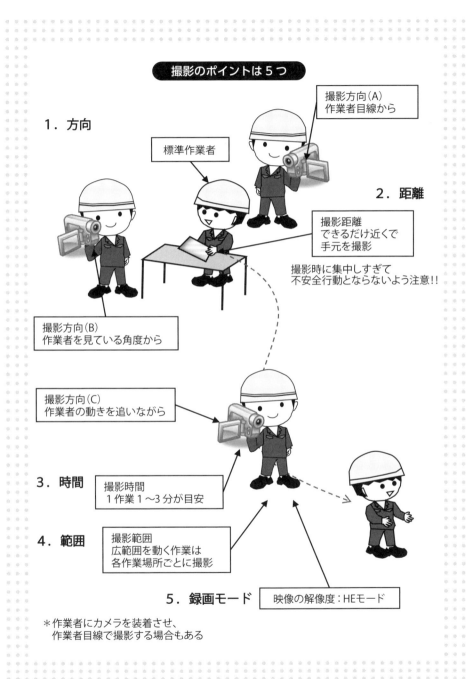

⑯ 見やすくわかりやすい 標準に編集

編集の流れ

編集しやすい、操作が簡単な編集ソフトを選択します。

そして、以下の手順で編集を進めるとよいでしょう。

①ビデオデータの取り込み

②ビデオデータの配列

③不要部分の削除

④静止画の配置

⑤速度の調整

⑥文字の入力

⑦音楽の入力

⑧ナレーションの入力

⑨音量の調整

⑩ムービーの作成

編集の工夫

(1)見やすさの工夫

　①文字のサイズ　②文字の位置　③文字の色

　④表示：重要な部分に矢印や○を入れて、ズームやスローモーションを活用

　⑤画面切り替え：文字が読み取れる速さ（早くなりがちです）

(2)わかりやすさの工夫

　①音声とともに、テロップを短文で入れる。BGM は飽きが来ないように使用する

　②構成：重要な内容は繰り返し表示する

　ビデオ撮影時に気がついた作業の改善点は、改善実施後にその部分を再度撮影し、入れ替えます。

編集ソフトの選択

1. Corel VideoStudio

← おすすめ

安い（約1万円）
編集操作が簡単
　○自動で前詰めする
　○映像の割り込みが容易
　○音声挿入が容易
　○静止画編集が容易
　○文字入力が容易

編集の流れ

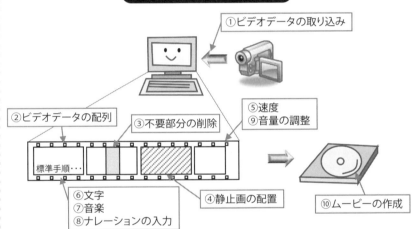

①ビデオデータの取り込み
②ビデオデータの配列
③不要部分の削除
⑤速度
⑨音量の調整
④静止画の配置
⑥文字
⑦音楽
⑧ナレーションの入力
⑩ムービーの作成

見やすくわかりやすい工夫

【見やすさの工夫】
①文字サイズ：30～40フォント
②文字位置：上もしくは下（位置を統一する）
③文字色：動画の色に埋もれない色
④表示：←や○を使用
⑤画面切り替え：文字が読み取れる速さ

【わかりやすい工夫】
①BGM：音声での解説、警告音
②構成：重要な部分の繰り返し表示

製品を・・・♪
製品を・・・

⑰ 出来上がりを10のポイントでチェック

新人教育用ビデオ標準のチェックポイント

　下記、10の出来上がりチェックポイントに加え、ビデオが1〜3分の範囲で作成されているかもチェックします。

□ 1. 作業の目的が、冒頭で解説されているか？「その作業を何のためにやるのか」「やらないとどうなるのか」ということを解説しているか？

□ 2. 基本的な用語、使用する治工具の名称と機能、作業名を解説しているか？

□ 3. 映像の流れが早すぎないか？　画面切り替えタイミングが適切か？

□ 4. 文字は読み取れるか？　文字数が多すぎないか？　文字の色は読みやすいか？

□ 5. 細かい作業は手元が撮影できているか？

□ 6. 注意点やポイントが静止画で明確に示されているか？

□ 7. 災害防止のための心構えと予防行動が入っているか？

□ 8. ポカミスが出やすいNG動作と、出さないためのOK動作が入っているか？

□ 9. 作業内容と音声が合っているか？

□ 10.音楽は効果的に（何度見ても飽きないように）使われているか？

訓練用ビデオ標準の作成

　教育用ビデオ標準が出来上がったら、訓練用ビデオ標準を作成します。

　訓練用ビデオ標準は、各作業の後ろに「それでは、やってください」という声を入れ、その後、標準時間分を待ち時間として入れます。この待ち時間が習熟度を表します。通常、十分習熟したとされる時間は、標準時間プラス5％です。これを10％、20％…と10％ごとに複数つくり、作業者の習熟度で使い分けます。

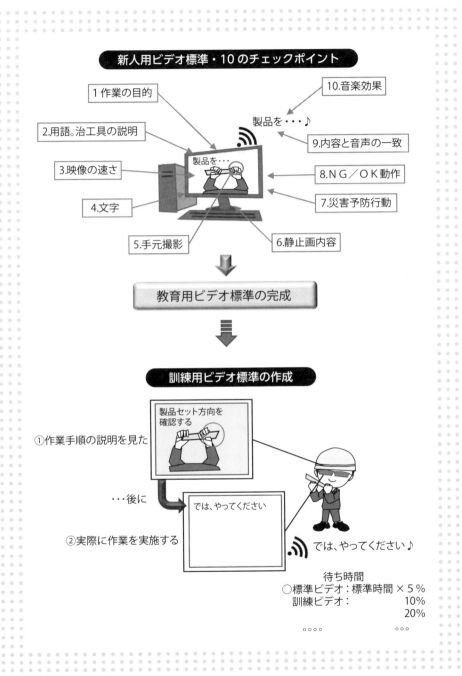

18 これからの時代の教育・訓練

ビデオ標準による教育

　教育とは、教えたことを知識として頭の中に擦り込むことです。ビデオ標準を見せ、繰り返し教育します。本人が覚えたと言ったら、作業名や作業の目的、作業手順、ポイントなどを言わせます。

訓練キットによる訓練

　訓練とは、頭に擦り込んだ知識を、技能として体が自然に繰り返しできるようになるまでやらせることです。訓練は、標準的な作業が経験できる訓練キットで実施します。本人がもうできると言ったら、手順やポイント、出来栄えをチェックします。

　訓練キットを準備できない工場では、いきなり実践訓練に進みます。

スマートグラスによる実践訓練、現在、試行中

　オフライン訓練で覚えていた作業を現場で忘れたり、飛ばしたりすることがよくあります。そのために、スマートグラスによる実践訓練を実施します。

①QRコードで認識した訓練用のビデオ標準がダウンロードされる

②作業者は、表示と音声でガイドされた作業手順通りに作業を進める

③ビデオは、ガイド後、標準時間（プラス5％、10％…）分待つ

④標準時間内で作業が間に合わない場合、音声で指示を止める。作業が終わったら、音声で再スタートする。これにより作業者は自分の不得意な作業が把握できる

⑤管理・監督者はモニターで作業者の実際の作業を見ることができる。必要時にはマイクで指示を与える。また、標準時間の延長の程度により作業の習熟度が判断できる

Column

限界を超える作業への対策

　人の能力には限界があります。その能力を超えて長時間ミスなしで作業を続けることは不可能です。

　限界を超える作業は、5つあります。

⑴視野

　人の視野は上下60°、左右110°です。それ以外の範囲では、ポカミスを起こす可能性があります。可能な限り作業域をこの範囲に入れる改善をします。特に、モノの陰などの死角の存在には注意が必要です。

⑵数字記憶力

　人は、英数字列を記憶するのは不得意です。3つを超えるとほぼ覚えられません。設備へのデータ入力をする場合には、3つごとに区切り、入力も3つずつ入れられるような工夫が必要です。

⑶一人照合

　人は、自分のやっていることは正しいと思ってやっています。したがって、一人照合では自分のやったことが正しいという思い込みをします。照合作業は担当者と照合者を入れ替え、2人で行います。

⑷判断作業、調整作業、スキルを要する作業

　判断基準の明確化、調整の調節化で対応します。スキルを要する作業とは、判断作業と調整作業に作業の慣れが加わった作業です。ビデオ標準を作成し、習熟するまで訓練を繰り返します。

⑸高精度作業、早すぎる作業

　自動化か、作業時間を長く取り正確に作業をさせます。

　モノづくり現場では、人の限界を超える作業を強いているケースが見られます。そのような場合、ポカミスの発生は必然なのかもしれません。ポカミスを根本から改善するのは、やはり自動化であると考えます。私は、自動化がポカミス対策のリーサルウェポンだと感じています。

第 6 章

これからの時代の
人財マネジメント

現場のモラルが変わった

モラルとは
　モラルとは、人の行動のもととなるルール（行動規範）です。人の行動を司る本人も気づかない潜在的意識です。最近、ルールを守らない、やる気がない、チャレンジ精神がない、といった言葉をよく聞きます。これらの姿勢と行動パターンは、すべてモラルによるものです。

現場のモラルが変わった
　私が行ったアンケート調査によると、「何のために働いているか」という質問に対し、77％の作業者が「お金のために働いている」と答えました。この傾向は、ほとんどの会社で変わりません。35年前に製造業に入った私から見ると、信じられない結果です。
　しかし、これが現実です。

モラルマネジメントの必要性
　この現実を遠く過ぎ去った過去と比べて、「良い」「悪い」を議論しようとは思いません。ただ、これからの時代、このモラルを上げるべきだという意見に反対する人はいないと思います。
　本章では、どうしたら作業者のモラルが上げられるか、について解説します。とは言っても、従来の精神論一辺倒では今の作業者はついてきません。モラルを上げる方法にも理論的背景が必要です。
　そこで心理学や経営学を学び、モラルアップの方法論をつくりました。その結果、気づいたことは、**作業者がルールを守らないのは作業者が悪いのではなく、管理・監督者のモラルマネジメントが悪い**ということでした。やる気やチャレンジ精神もしかりです。そのような気持ちにさせられないのは、すべて管理・監督者のマネジメントの稚拙さが原因なのです。

モラルとは

モラルとは、人の行動のもととなるルール（行動規範）

現場のモラルが変わった

現場の作業者273人に聞きました
「あなたは、何のために働いているのですか？」

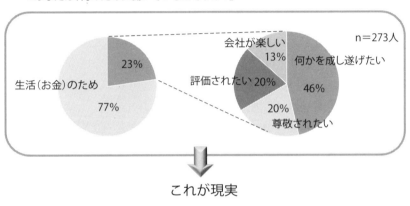

これが現実

現場マネジメントの必要性

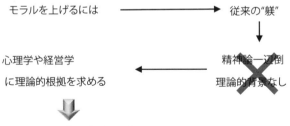

モラルマネジメント

作業者がルールを守らないのは、作業者が悪いのではなく、
　　　　　　　管理・監督者のモラルマネジメントが悪い

② モラルレベルと動機付け

マズローの「人間の動機付けに関する理論」[1]を参考に、現場の作業者のモラルレベルと動機付けの考え方についてのコンセプトをつくりました。

動機付けの考え方

作業者のモラルレベルは4段階あります。

レベル1：生活、お金のために働く。大部分がこのレベルにいる

　　　2：集団における位置を確保したい。外されたくない

　　　3：評価されたい。自尊心を保ちたい

　　　4：自分を活かせることをやりたい

それぞれのレベルでは、満足していれば動機付けを受け入れ、不満があれば受け入れません。

動機付けは、それぞれのレベルに合わせて**3つ**あります。

1から2へ：集団を組ませ、自分たちのことは自分たちで決めさせる

　　　　　集団のために努力する。集団のルールを守る

2から3へ：ほめる。成功体験を味わってもらう。自信を持たせる

　　　　　ほめられる、成功体験することで自信を持ち、自分の力をフルに発揮する

3から4へ：本人のやりたいことを自由にやらせる（権限移譲）

　　　　　チャレンジ精神を持ち、自分のやりたいことをなし遂げようと努力する

モラルアップとは

モラルアップとは、動機付けをすることにより**ルールを守る**習慣を付け、自信を付けさせ、その人**本来の力を発揮**させ、**チャレンジ精神**を育み、**新たなことに挑戦**させるためのマネジメントです。

第6章 これからの時代の人財マネジメント

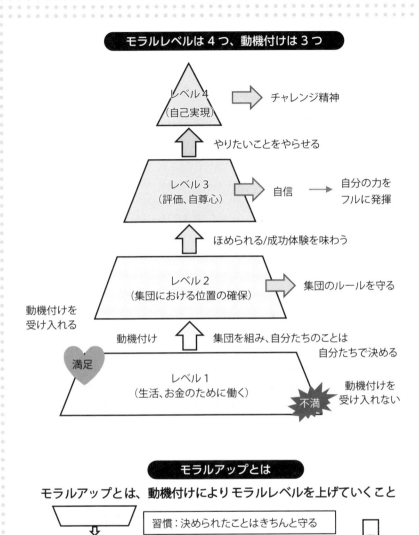

参考文献
（1）A. H. マズロー著、小口忠彦訳、人間性の心理学、2015年2月10日、26刷、P55～72

③ 5段階でモラルを上げていく

やる気を出させる

(1)キックオフ

　作業者は、新しいことを始める時には必ず不安感を持ちます。そこでキックオフ（説明会）を開き、活動をやる意味について説明し、作業者の不安感を取り除きます。

(2)適切な目標を与える

　スタートした早い時期に達成できる目標を与え、適切なアドバイスをすることにより、目標達成まで導きます。こうした**成功体験が作業者のやる気を喚起**するのです。

(3)ほめる

　目標を達成したら、すぐにほめます。人はほめられることにより、自分のやった行為が正しかったと認識します。作業者は**ほめられることにより、活動をやる意味と自分に対する期待感を感じ、頑張り始めます。**

停滞した時こそチャンス

(4)叱らないで一緒に考える

　目標は、徐々に難しいものに上げていきます。そうすると、いつかは活動が行き詰まります。その時、**叱らないで一緒に考えます。**この姿勢が作業者との信頼関係を生み出します。そして、苦労して目標を達成した時には、やればできるという自信が生まれます。**停滞した時、困った時こそ、モラルアップのチャンス**なのです。

(5)グループ間交流

　活動を継続していくとマンネリ化します。その時には、**グループ間交流の場（ワークショップ）**を持ちます。グループ間交流では悩みを共有し、新たなアイデアが得られ、ライバル心も芽生え、活動が活性化されます。

　その後の懇親会は、より一層の一体感をつくり出します。

160

第6章 これからの時代の人財マネジメント

活動におけるモラルマネジメント

活動を通してモラルレベルを1から2、3へ上げていく

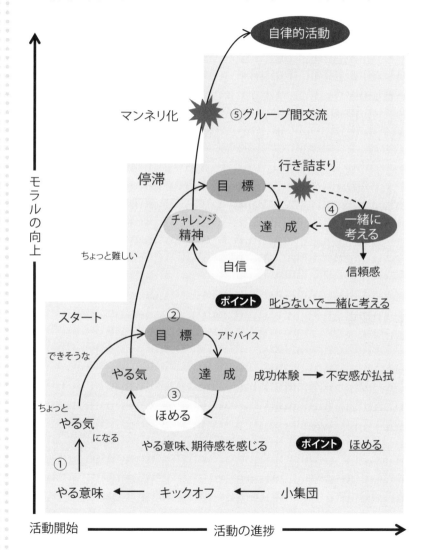

④ キックオフでやる気にさせる

　作業者は日々、生産に追われています。「活動なんてやってられない」「活動なんてやってたら、生産が遅れる」と思っています。また、ほとんどの生産現場は、これまでいろいろな改善活動をしてきました。そういった現場で新たな活動をしようとすると、「また改善…」「今まで十分やってきたじゃない…」「本当に必要なの？」と言ってきます。本音で言うと、作業者は活動をしたくないのです。それは、決してネガティブな意味でしたくないと思っているのではなく、それだけ現場が忙しいということであり、普段の生産の中でその必要性を感じていない、ということなのです。そのような作業者心理を理解した上で、どのように活動をスタートさせるかを考えます。

　その解決策が、キックオフ（説明会）です。

　キックオフでは、

　○なぜ、その活動をしなくてはならないのか？

　○やらないとどうなるのか？

　○何をやるのか、どうやるのか？

　○本当に成功するのか？

を説明します。

　その上で、

　○今、自分たちはなぜ活動をしなくてはならないか？

　○やらないとどうなるのか？

　○実施上の阻害要件と対策？

というテーマでディスカッションさせ、それに一人ひとりの感想と決意表明を加え、発表させます。

　発表会後は、アンケート調査を実施。その結果を推進会議で検討し、挙げられた阻害要件と要望に対してすべて回答します。これらの丁寧な対応が、作業者が持つ活動に対する心理を少しずつ変え、「会社がそんなに言うなら、やってみようかな…」という気持ちにさせるのです。

第6章　これからの時代の人財マネジメント

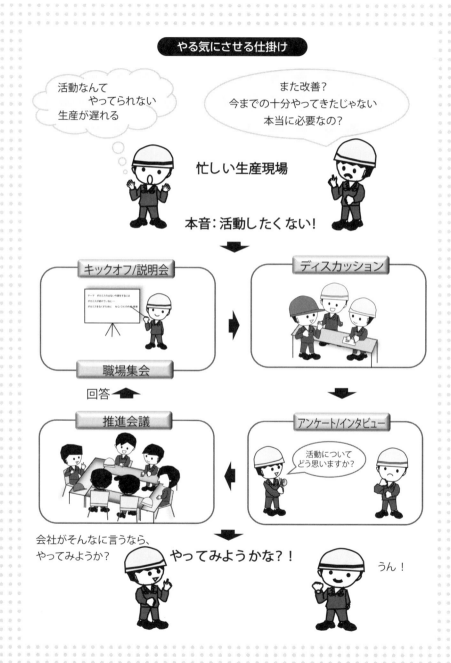

163

率先垂範でロケットスタート

　実は、キックオフをする前にやっておくことがあります。それは、活動で本当に効果が出るのかを、作業者にやらせる前に管理・監督者自らが経験し、確認しておくことです。

率先垂範の5つの価値

　以上のことを率先垂範と言います。何か新しいことを始める時は、まず自分でやってみます。**率先垂範には5つの価値があります。**

①上司が自ら先にやった、という姿を部下に見せる。部下は、その姿を横目で見ながら、「自分もそのうち…」という心の準備を始める

②成功すること、効果が出ることを示す。完成した姿を見せる。これにより、部下は活動に対する不安感がなくなる

③自分でやってみて、その難しさややさしさ、ポイントおよびコツなどをつかむ。これにより、実際の活動で適切なアドバイスできるようになる

④うまくいかない時には、その理由と対策を考える。これにより、部下が同じ失敗を繰り返すのを避ける

⑤失敗したら、その姿も見せる。これを部下は親しみの目で見てくれる。そして、「自分がやらなくては…」という気持ちを持たせることができる

具体的な活動

　率先垂範は、実際の活動に入る前にします。これをモデル活動と言います。2Sであれば更地化した職場を見せ、3Sであれば故障やチョコ停、不良がゼロになった設備を見せ、4Sであればクリーンになった職場で異物不良がゼロになるという結果を見せます。

　これらを見せることで、作業者は一刻も早く自分がやらなくてはという気持ちになり、活動開始と同時にロケットスタートするようになります。

第6章　これからの時代の人財マネジメント

率先垂範のキーポイント

率先垂範
活動でホントに効果が出るのか、を事前に確認(体験)する

5つの価値

1. やっている姿を見せる
   └ 活動開始の心の準備を始める

2. 成功することを示す
   └ 活動に対する不安感を払拭する

3. アドバイスのポイントをつかむ
   └ 部下を成功する道に導く

4. 部下が失敗するのを避ける

5. 失敗した姿を見せる
   └ 自分がやらなくてはという気持ちを持つ

活動開始と同時に

ロケットスタート

⑥ 成功体験を味わってもらう

　ロケットスタートしたものの、作業者は、『ホントにうまくいくのかなぁ？』と思っています。活動を開始したらできるだけ早い時期に、**成功体験を味わってもらう**必要があります。

　人は成功体験の積み重ねで自信がつき、自信がつくと難しい課題や未知のことにチャレンジしたくなります。逆に、失敗体験が続くと自信を失い、自分のできることしかやらなくなります。

　成功体験を味わってもらうのに必要なのが、適切な目標設定と適時のアドバイスです。

適切な目標設定

　初めは達成可能な目標を与え、徐々に難易度を上げていきます。

　本書で紹介する 5S では、2S、3S、4S と徐々に難易度が上がっていきます。また、各 S の実施事項も難易度で細かくステップ分けしてあります。ですから、**そのまま実行**すれば**適切な目標設定**になります。

適切なアドバイス

　目標を設定したら、少なくとも 1 週間に 1 回はアドバイスをします。これは、報告に対するアドバイスといった形式的なものではなく、「どう？　うまくいってる？」のような気軽な声かけで始まり、聞かれたらその場で答えるというものです。わからないことがあっても、すぐに解決すれば全体の進捗に支障はありません。問題も大きくなりすぎず、すぐに解決できたという感覚を作業者が持ちます。

　聞きたいときに聞ける環境を自らの行動でつくる、のがこの**声かけ方式**です。声かけ方式で、問題が起きたら対応するのではなく、問題が起きる前に対応し、活動の停滞とマインドの低下を防ぐのです。

第6章　これからの時代の人財マネジメント

成功体験を積ませる仕掛け

人は成功体験の積み重ねで自信がつき、チャレンジ精神が生まれる

自信 ━━▶ チャレンジ精神

成功 → 自分は何でもできるのかも

成功 → もしかして！

成功 → え？

スタート

失敗 → え？

失敗 → もしかして？

人は
失敗の連続
で自信を失い、やる気を失う

失敗 → 何をやってもダメなのかも

自信喪失 ━━▶ やる気の喪失

成功体験させるには、適切な目標設定と適時のアドバイスが必要

適切な目標

最終目標！

自信をつけて次のステップへ

始めの目標

ちょっとチャレンジ！

絶対できる！

適時のアドバイス

どう？

週に1回の声かけ方式

成功体験

やった～♪

2S、3S、4Sと難易度が上がっていく
各Sの中でも実施事項が細かく分かれている

そのまま実行

167

⑦ ほめるが最高のマネジメント

　ほめられて気分の悪い人はいません。**ほめることは、モラルアップにおいて最高のマネジメント**です。

　人は、ほめられると自分のやったことが良いことだと自覚します。赤ちゃんを、ハイハイしたら、ほめ。立ったら、ほめ。しゃべったら、ほめ。その繰り返しが成長を促します。人は、小さい時からほめられることで、成長してきたのです。

　ですから、活動をスタートしたら、ほめ。一生懸命やっていたら、ほめ。困って何かを相談してきたら、ほめ。目標を達成したら、猛烈にほめる。人はほめられたことを、すぐに忘れてしまいます。だから、ほめることは一度ではなく、**ほめ続けることが大切**なのです。

　ほめられ続ける状況下で、急にほめられなくなると、「自分は何か悪いことをしたのかな？」という感覚を持ち、ほめられるために行動します。これも、モラルアップへの動機付けとなります。

　ほめ続けるには、何かネタがなくてはなりません。現場に行かなくてなりません。この**ネタを見つけるために現場に行き、作業者の行動や活動を見る**行為も作業者のモラルを上げます。作業者は、常に自分を見てくれていると感じ、見られていなくても作業や活動を頑張るようになります。

　今の管理・監督者は、自分はほめるのが苦手と言います。それは、今まで自分が、上司からほめられたことがあまりなかったからです。だからこそ、自分からほめる習慣を身に付け、その習慣を部下に伝えるべきなのです。ほめる理由は何でも構いません。部下が真剣に仕事や活動をしている姿を見て、素直に感動し、ほめる。「おっ、いいねぇ！」でいいのです。

ほめる効果

人はほめられると、自分のやったことが良いことだと自覚する

 いいねぇ～

 いいことしたんだ

ほめ続けることが、重要

 いいねぇ～ いいねぇ～

部下の真剣にやっている姿を見て素直に感動し、ほめる

ほめるネタを見つけに現場に行く

今、何をやっているかな

おっ！かっこいい台車つくったじゃん！！

見てくれてるんだな

最高のマネジメントを自分から始める
↓
部下に伝える → 将来、上司になった時に習慣化している

⑧ 責めないで一緒に考える

そもそも自分の責任

　活動が失敗すると、責める人がいます。目標が達成できないと、その理由を聞く人がいます。理由がわかれば、失敗しません。わからないから失敗したのです。モラルアップの観点から言うと、失敗や未達の理由を聞くことはタブーです。

　そもそも失敗や未達の理由は、管理・監督者にあります。適切な目標を与えていなかった。適時のアドバイスをしていなかった。その結果、失敗に至らせてしまった。そもそもは、自分のマネジメントに問題があった。そう考えるべきです。

　責められて気分のいい人はいません。本人もわからない失敗の理由を聞きながら責める。このような行為は反感を買うだけです。何より、その理由がわかっても、失敗したという事実はなくなりません。使った時間も戻ってきません。失敗したら、自分のマネジメントに問題があったと反省し、これからの対策を一緒に考える。そんな姿勢が必要になります。一緒に考える際には、失敗した理由を考えるのではなく、これからどうするかの施策を一緒に考えるのがポイントです。

一緒に考えて出てくる結論は3つ

　一緒に考えて出てくる結論は3つです。
　①現状打開の解決策が出てくる
　②一からやり直す
　③目標を再設定し、再スタートする

　この中で、最もあり得るのが②です。多くの活動でうまくいかない理由の多くは、決め打ち、ステップ飛ばしなど基本を無視した進め方にあります。もし、一緒に考えて結論が出ない場合には原点に返り、一からやり直すというアプローチが最も有効です。

170

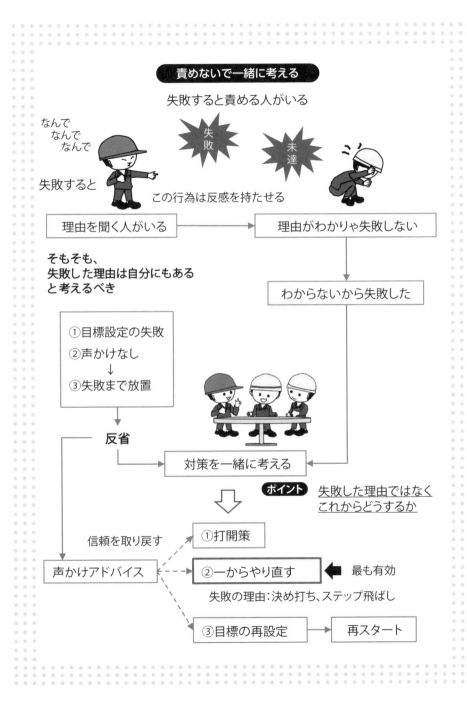

⑨ ワークショップで マンネリ化を打破

ワークショップ

　長く活動をしていると、どうしてもマンネリ化します。マンネリ化は、活動がうまくいかない、効果が出ないことにより発生します。そこで、同じ活動をしている他のグループのメンバーとワークショップを持ち、グループ間の課題について討議をします。

　グループ（間）討議することで、

①課題に関する理解が深まる

②自分が考えもしなかった考えが得られる

③悩み（不安、不満、阻害要件）を共有することで安心する

④悩みに対する解決策をともに考えることで、できるかもしれないという気持ちになる

⑤ともに決意表明をすることで、やらなくてはならないという気持ちになるという効用が得られます。

　一番のメリットは、同じ会社にいて、それまで会ったことのない仲間に会えることです。初めは緊張しますが、そこは同じ会社で同じ活動をしている仲間。次第に仲良くなり、最後は同志になります。一度同志になると、通常の生産でも活発にコミュニケーションを取るようになり、活動が常に活性化されます。

懇親会は、今の昔も人間関係の潤滑油

　ワークショップの後は懇親会が待っています。昼間話せなかった本音や愚痴を言い合います。そこで、さらに打ち解けることができます。

　私の体験によると、現場の作業者のモラルは変わっても、懇親会の威力は変わらないようです。懇親会は、今も昔も人間関係の潤滑油なのです。

第6章 これからの時代の人財マネジメント

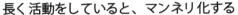
マンネリ化防止の考え方

長く活動をしていると、マンネリ化する

うまくいかない

効果が出ない

何かやる気がしない…

ワークショップ：グループ間交流

1. 課題に対して理解が深まる
2. 新しい考えが得られる
3. 悩みを共有する
4. できるかも…と思える
5. やらなくてはという気持ちになる

同じ志を持ち、同じ悩みを抱える仲間ができる

懇親会

本音　　　　　　　　　　　　　　　　愚痴

でも、仕事の話ね　　　　　　　　　無礼講じゃないよ

今も昔も、懇親会は人間関係の潤滑油

173

⑩ 上司の目線は上目線、上司の意見は命令

　5Sの活動時間より、普段の生産時間の方が圧倒的に長いことは誰にでもわかる事実です。日常業務でも現場の管理・監督者（上司）は、作業者（部下）のモラルアップを図らなくてはなりません。

相手目線で接する

　上司は、その存在自体がすでに上です。よほど気をつけないと、部下と接する時に自然と上目線になり、部下はそれを敏感に察知して、距離感を保ちます。

　距離感を持つと、上司の言ったことは自分に直接関係ない、ととらえるようになります。たとえば、朝会などで上司が言ったことなどを、上の空で聞くようになってしまいます。また、上司も部下の思っていることが感じられないようになり、ますますその距離感は開いていきます。

　しかし、**上司が相手目線で接すると、部下は自然に親近感を持ちます**。親近感を持つと部下は心を開き、本音で接してきます。相手目線で接することにより、相手の考えが理解でき、部下とどう接したらいいかが自然にわかります。親近感は、信頼感も生み出します。

まずは意見を聞く

　上司から出た意見は、すでに命令です。**まずは部下の意見を聞き、できればそのままやらせます**。しかし、もしその意見が不十分だと判断した時には、自分の意見を少しだけ入れます。そういう姿勢が必要です。そうすることで、部下は自分の意見が採用されたと感じ、自分の言ったことを責任を持って果たそうとします。これにより、自主性と積極性が育ちます。

　逆に、部下の意見を聞かずに自分の意見を押し付けると、部下はやらされ感を持ち、言われたことだけをやるようになります。当然、やることに対する責任感はなくなり、最終的には指示待ち人間になってしまいます。

第6章　これからの時代の人財マネジメント

⑪ 信頼し任せる

　上司はすでに上の存在、上司から出た意見はすでに命令、という事実は、上司と部下にはすでに上下関係があるということです。厳格な上下関係は、日常の業務やトラブル発生時には効力を発揮しますが、モラルを上げたい、自主性を持たせたい、という時には障害になることがあります

　信頼し任せるとは、人として対等な関係を築くということです。

　人は信頼されると、うれしくなります。任せられると責任を感じ、努力してその責任を果たそうとします。人は、信頼され任せられることにより、本来（以上）の実力を発揮するのです。**信頼し任せるということは、モラルとスキルを同時に高める有効な手段**です。

　しかし、丸投げはいけません。任せるとは、やるべきこと全体のストーリーを把握し、この部下なら任せられると判断した上で、基本的な考え方を示し、進め方を任せるということです。また、定時報告もきちんとさせ、適時適切なアドバイスをすることも大切です。

　最近、何でも自分でやろうとする監督者が多い気がします。自分でやれば、部下に説明しなくても済みますし、自分のやり方で進められるため楽です。しかし、何でも自分でやろうとしても、それは無理な話です。そこで、仕方なく部下にやらせようとします。信頼し任せるということでなく、仕方なくやらせるというパターンです。上司からやらされた部下はやる気が出ず、本来の力も発揮しません。そうすると当然、うまくいきません。うまくいかないところに、上司から細かいことで口やかましく言われると、「だったら、自分でやれよ…」という気持ちを持たせてしまい、やる気がなくなり、さらにうまくいかなくなります。

　信頼し任せるということは、部下が自分の代わりにやってくれているということです。感謝の気持ちを持つべきです。最終的には**自分の仕事を楽にしてくれる**、という自覚も持たなければなりません。そもそも、部下あっての上司なのですから。

信頼し任せる

信頼し任せられると、人はうれしくなり、責任を感じ、努力をする。

頼むよ　　　　　　　　　　　任せてください

上司（監督者）　　　　　　　　部下（作業者）

○全体のストーリーの把握
○任せられるかの判断
○基本的な考え方を示す

進め方を任せる

定時報告とアドバイス

いいね♪
できました!
次は…

信頼されると、うれしい

任せられると責任を感じる

責任を果たそうと努力する

本来（以上）の実力を発揮

モラルとスキルを高める

何でも自分でやろうとするのはダメ

何でも自分でやろうとする

時間が足りなくなる

文句を言う、口を出す

やらされる

丸投げはダメ

本来の力を発揮しない

うまくいかない

さらに、やる気を失う

悪循環

信頼して任せるではなく、
仕方なくやらせるというパターン

⑫ 尊敬される上司になる

やる気は部下に伝わる

部下は上司を常に見ています。**上司のやる気が部下に伝播し、やる気のなさが伝染します。**

最近、監督者から「今の若い人たちは偉くなりたくない、って言うんです…」とよく聞かされます。私はその時、「その理由は自分にあるんじゃないの？」と言います。毎日毎日遅くまで残業し、報告書を書くことばかりで現場にも現れず、部下に疲れ切った姿を見せる。そんな上司に誰がなりたいと思うでしょうか。

楽しそうに活き活きと働き、「オレみたいになってみろ！」という無言のオーラを発し続ける。その姿を見て部下は、「あんな人になりたい」という尊敬の念を抱き、自分もその上司を目指して働き始める。そういうサイクルが現場に回っていると、部下は活き活きと働き、管理・監督職になりたいという気持ちになります。

人を育てる

人を育てるとは、モラルレベルを2から3、4まで高めることです。

朝会や定例集会で、仕事の意味、一人ひとりの役割、その役割が会社を支えているという事実を訴えます。懇親会の場では、自分が会社や職場をどうしていきたいかを語らせます。このような働きかけが、**自分の存在意義を感じさせ、会社・職場とのつながり再認識させ、自分が頑張らなくては、という気持ちを持たせます。これが、人を育てるということです。**

この気持ちが芽生え始めたら、個人が成長するための支援をします。具体的には、本人がやりたい仕事をやらせることです。これにより、新たな課題に果敢に挑戦するチャレンジ精神が芽生え始めます。

このように育ったリーダーが職場を引っ張り、集団のモラルを上げる新たな原動力になっていくのです。

第6章　これからの時代の人財マネジメント

やる気は伝わる

上司のやる気が部下に伝播し、やる気のなさが伝染する

部下は上司を常に見ている

オレみたいに
なってみろ

楽しそうに活き活きと働いてる → 自分もあ〜なりたい → 仕事を頑張る

人を育てる

人を育てるとは、モラルレベルを2から3、4まで高めること

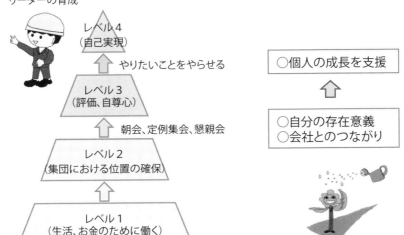

リーダーの育成

レベル4（自己実現）
↑ やりたいことをやらせる
レベル3（評価、自尊心）
↑ 朝会、定例集会、懇親会
レベル2（集団における位置の確保）
↑
レベル1（生活、お金のために働く）

○個人の成長を支援
↑
○自分の存在意義
○会社とのつながり

Column

すべてが管理・監督者の責任

　本章の冒頭でも述べましたが、作業者がルールを守らない、やる気がない、チャレンジ精神を持っていないのは、すべて管理・監督者のモラルマネジメントの稚拙さが原因です。

　先日も現場で実践研修をしましたが、ある監督者は、作業者が現場で頑張っているのに現場に一度も見に来ない。当然、励ましもしない。挙句の果てに、発表会では「なんでそんなことが今までわからなかったんだ！」とタブー用語まで発するというひどいものでした。

　5S活動をやっていて感じることは、活動の原点はモラルであるということです。作業のモラルが高い職場では活動がどんどん進み、効果が上がり、成果もしっかり定着しています。モラルの低い職場の作業者は、言い訳ばかりが先行し、活動は遅々として進まない状態です。そして、この2つの職場を比べると、管理・監督者の活動に対する姿勢が明らかに違っているのです。

　同じ実践研修で活動がうまくいっている職場の管理・監督者は、モラルマネジメントが非常にうまいと感じました。まず準備段階で一緒に考え、必要な費用を捻出し、研修の当日は現場にたびたび顔を出して励まし、原因を見つけたら一緒に感動して大いにほめ、研修終了後は研修生全員を引き連れて街に繰り出す。そして、発表会ではほめまくる。モラルマネジメントでやるべきことを自然にやっているのです。

　5S活動がうまくいかない、定着しないのは、すべて管理・監督者の責任なのです。だからこそ、モラルマネジメントをしっかりと身に付け、自然に現場で実践できるようになって欲しいと思います。

索　引

英数字

All in One	21
AT：Actual Time	122
ICタグ	24、34
NG/OKシート	134
PQCDSM	12
ST：Standard Time	122
Simple/Speed対策	134
TPM	12
3現シート	44、48、54
2原シート	44、48、54、56
4種13の発生源	82
5つの伝達経路	82
9つのロス	16
10の出来上がりチェックポイント	150
20の原則崩れ	42
26のポカミス要因	128、130

あ

安全	12、94、118、144
位置分析	90
異物	14、42、52、68、106
異物構成	84
異物ゼロへのアプローチ	14
異物の正体	80
異物のポテンシャル	84、86
異物不良の発生メカニズム	80
うっかり	130、136
エアブロー	76
絵コンテ	142、144
置き方	24、30
置き場所	24、30
思い込み	130

か

仮作業手順の作成	122
感性	70
管理的原因	46、58

き

キックオフ	160、162
究極の改善	126
教育・訓練	128、138、152
気流	78、82、92、102
クリーン管理基準	104
クリーンファクトリー	14
クリーンワーク（ボディ）	92
訓練キット	152
経験則	14、70
原因	42、46、58
限界を超える作業	154
現行処置分析	48、50
現象の連鎖	44
原則	40、46
原則整備	46
現物分析	90
原理	40
声かけ方式	166
個別現象の定義	54
コミュニケーション	130、172
懇親会	172

さ

先入れ先出しルール	32
作業時間／品質評価マトリックス	122
作業の統一	120、122
作業標準	118
更地化	24、28
仕上り基準	104
集中力	130、136
職場のあるべき姿	18、22
スマートグラス	152
成功体験	166
静電気	92
精度	42、52、56
清掃	12、44、56、74、76、86、88、94、106
清掃改善	86
清掃台車の作製	104

181

清掃分担の明確化 …………………… 104
積層グラフ ……………………………… 90
設備改善 …………………………………… 104
設備の構成 ……………………………… 40
全体清掃 ……………………………… 44、48
率先垂範 ………………………………… 164

た

対象エリア ……………………………… 26
対象の明確化 ……………………… 48、50
調整の調節化 ………………………… 124
直接的原因 ……………………………… 46
チームエラー ………………………… 130
徹底清掃 …………… 86、88、94、96
手抜き ………………………… 130、136
点検周期 ………………………………… 60
(設備)点検基準 …………………… 48、60
伝達経路(対策) ……… 82、86、102
動機付け ………………………………… 158
道具改善 ………………………………… 104
動作規制 ………………………… 104、134
動線分析 ………………………………… 26
突発(不具合現象) ……………… 46、50
飛ばし …………………………………… 130
取り出しやすさの追求 ………… 24、32
取り違い ………………………………… 130

な

慣れ ……………………………………… 130

は

発生傾向分析 ………………………… 50
発生源(対策) ……………………… 86、102
発生源マップ ………………………… 100
発生源マトリックス ……………… 100
パスライン清掃 ……………………… 44
バラつく作業 ………………………… 124
判断基準の明確化 ………………… 124
ビデオ標準 ………………… 140、152
必要品 …………………………………… 28
人の性 …………………………… 130、136
日々管理 ………………………………… 60

標準作業者 …………………………… 122
標準時間 …………………… 122、124
標準整備 …………………………… 128
不具合現象 ……… 40、42、46、56
不具合現象の原因構造 ………… 46
部品 ………………… 40、42、52
不要品 ……………………… 28、52
不要品の排除 …………… 28、52
分解清掃 ……… 44、48、54、56
方法改善 ………………………… 104
ポカミス対策 ……… 120、126、132
ほめる …………………… 160、168

ま

マズロー …………………… 158、180
慢性(不具合現象) …… 46、50、84
マンネリ化 ………………………… 172
ミルフィーユ ……………………… 85
無理な作業 ………………………… 130
メカニズム ……… 48、58、80、136
目で見る管理 …………… 24、32
目標設定 …………………………… 166
モデル設備 ……………… 12、14
モラルマネジメント ……… 16、156

や

やりにくい作業(の改善) ………… 120
要因 …………… 42、128、130
養生 …………………………………… 76
横展開 ………………………………… 12
予防保全体制 …………………… 12

ら

理想レイアウト ………………… 26
レイアウトの基本 ……………… 26
劣化 …………………… 42、52
レファレンス …………………… 92
ロス ………………… 12、14、16
ロスコストマネジメント ……… 16

わ

ワークショップ …………… 160、172

〈著者紹介〉

中崎　勝（なかざき　まさる）
株式会社ロンド・アプリウェアサービス　代表取締役社長

1957年東京都生まれ。81年慶應義塾大学工学部計測工学科卒業後、株式会社ブリヂストン入社。生産技術業務に従事する。87年日本デジタルイクイップメント株式会社に入社し、システムエンジニアリング業務に携わる。92年ロンド・アプリウェアサービスを設立。

当初はITコンサルティングをしていたが、現場改善の必要性と重要性を感じ、TPMのコンサルタントとして再デビュー。その後、QC、IEと分野を拡げ、最終的に不良ゼロ、ロスコストマネジメント、SCMとトータルコンサルティングを展開。その効果とスピードは好評で、現在までに46社（協会）・47事業所でコンサルティングを実施。その集大成として本書を執筆した。

やりたくなる5S新書　　　　　　　　　　　　　　　　NDC509.6

2016年2月24日　初版1刷発行　　　　　　　定価はカバーに表示されております。

　　　　　　　　　　　　　　ⓒ著　者　　中　崎　　　勝
　　　　　　　　　　　　　　　発行者　　井　水　治　博
　　　　　　　　　　　　　　　発行所　　日刊工業新聞社
　　　　　　　　　　　〒103-8548　東京都中央区日本橋小網町14-1
　　　　　　　　　　　電話　書籍編集部　　03-5644-7490
　　　　　　　　　　　　　　販売・管理部　　03-5644-7410
　　　　　　　　　　　　　　FAX　　　　　　03-5644-7400
　　　　　　　　　　　振替口座　00190-2-186076
　　　　　　　　　　　URL　http://pub.nikkan.co.jp/
　　　　　　　　　　　email　info@media.nikkan.co.jp
　　　　　　　　　　　印刷・製本　新日本印刷

落丁・乱丁本はお取り替えいたします。　　　　2016　Printed in Japan
　　　　　ISBN 978-4-526-07521-6　C3034

本書の無断複写は、著作権法上の例外を除き、禁じられています。

● 日刊工業新聞社刊生産管理分野の好評書籍 ●

IEパワーアップ選書
現場が人を育てる

日本IE協会 編、河野宏和、篠田心治、齊藤 文 編著
定価(本体2,000円+税)　　ISBN978-4-526-07461-5

好評シリーズ第2弾。変化を恐れず、企業環境の変化に柔軟に追従できる人財を育てるため、①教える体系、②資格と評価制度、③組織のあり方、④教える仕組み(道具立てや道場運営)について先進企業を例に指南する。特に「課題発見→解決力」「変化対応力」「リーダーシップ」を磨く上でのポイントを、活動の中から見出す。前作を踏襲して3部構成とする。

トヨタ式A3プロセスで製品開発
A3用紙1枚で手戻りなくヒット商品を生み出す

稲垣公夫、成沢俊子 著
定価(本体2,200円+税)　　ISBN978-4-526-07462-2

高品質・短納期・低コストというモノづくりの底力は、売れる製品を生んで初めて効果が発揮される。売れないモノをいくら効率良くつくっても意味がなく、売れるモノを確実に、しかも手戻りなく開発する「仕組み」が渇望されている。A3用紙1枚で問題の本質にたどり着くトヨタの管理メソッドを用い、製品開発に適用する仕事の進め方を軽快に綴る。

「作業の出来映え」で品質管理
作業標準で表せない動作・ノウハウの伝え方

遠藤 勇 著
定価(本体2,300円+税)　　ISBN978-4-526-07427-1

製造現場で起きる品質不良の8割は、根本対策がなされていないがために再発したものである。これを根絶やしにするため、従来から行われている製品に主眼を置いた品質管理法(製品の出来映え)から、その製品がつくられる作業の過程(作業の出来映え)を基準通り管理することで、不良の生産と流出を許さない進め方、およびその徹底法をわかりやすく解説する。